老板要懂的法律常识

侯其锋 主编

化学工业出版社

北京

《老板要懂的法律常识》首先告诉您创业做老板的成功要素，只有具备了成功必备的素质并持续不断地学习，您才可能创业并成功。

然后，《老板要懂的法律常识》从以下几个方面对拟创业的人员提供指导：
- 公司法的法律常识
- 合同法的法律常识
- 税务法的法律常识
- 劳动法的法律常识
- 担保法的法律常识
- 知识产权法的法律常识
- 招标投标法的法律常识
- 安全生产法的法律常识
- 产品质量法的法律常识
- 消费者权益保护法的法律常识
- 反不正当竞争法和反垄断法的法律常识

《老板要懂的法律常识》可供有志于自己创办企业、开办公司的毕业生、职场人士阅读，为您所创办的公司、企业进行针对性的法律常识解读，为您可能面对的法律问题提供指导和帮助。以期在最短的时间内助力您创业成功！

图书在版编目（CIP）数据

老板要懂的法律常识/侯其锋主编．—北京：化学工业出版社，2016.1（2025.2重印）
（好老板成功经系列）
ISBN 978-7-122-25703-1

Ⅰ.①老… Ⅱ.①侯… Ⅲ.①法律-基本知识-中国 Ⅳ.①D920.5

中国版本图书馆CIP数据核字（2015）第282204号

责任编辑：陈 蕾　　　　　　　　　　装帧设计：尹琳琳
责任校对：王 静

出版发行：化学工业出版社（北京市东城区青年湖南街13号　邮政编码100011）
印　　装：北京天宇星印刷厂
710mm×1000mm　1/16　印张13　字数242千字　2025年2月北京第1版第14次印刷

购书咨询：010-64518888　　　　　　　　售后服务：010-64518899
网　　址：http://www.cip.com.cn
凡购买本书，如有缺损质量问题，本社销售中心负责调换。

定　　价：49.00元　　　　　　　　　　　　　　　　版权所有　违者必究

前言
PREFACE

创业办公司当老板,是一项事业,有一定的难度,有较大的风险,所以需要有法律保障。创业者应当了解与创业有关的法律知识,具有创业法律意识以及寻找法律资源帮助的渠道。在实践中,许多创业者在风险和利益同时存在的情况下,不懂法律知识,也没有法律风险意识,遇到问题也不会去找律师咨询,而是以赌博心态、投机心理和冒险行为替代理性的法律思维,以致造成一些惨痛的教训。

所谓法律意识,应该遵循"事先"和"及时"两条原则。"事先原则"是说,在经营活动中,应事先做好应有的防范措施。比如最常见的签订合同,最起码要了解合同法的有关内容;同时,要向专业人员进行咨询。如果可能,还应该咨询更多的人士,以求获得尽可能完整的解决方案;在出现法律问题或经济纠纷时,首先要冷静,在完全了解法律规定之前,不要用法律以外的方式解决,以免错上加错。

"及时原则"是指,出现问题后,不要认为自己是弱者,而忽略了自己事后应当采取的及时补救措施。在市场经济体制下,完善的法律是公平竞争、合法经营的重要前提,遵守法律是进入市场的最基本的游戏规则,作为老板,应当及时采取法律手段对出现的问题进行补救。

涉及企业经营的法律非常多,从创业公司的登记注册到经营的方方面面,直到停止运营注销企业,都有相关的法律法规加以约束,对于一个忙于商业运作的老板来说,要弄懂弄明白,是何其难。因此,编者有意为办企业做老板的人士,编撰《老板要懂的法律常识》一书,帮助老板们了解企业开办、经营过程中需要知道的法律常识,从而走上合法经营的道路,并且在遇到法律风险的时候能够有效地采取应对措施。

《老板要懂的法律常识》一书涉及的法律知识包括以下方面:

- 公司法的法律常识
- 合同法的法律常识
- 税务法的法律常识

- 劳动法的法律常识
- 担保法的法律常识
- 知识产权法的法律常识
- 招标投标法的法律常识
- 安全生产法的法律常识
- 产品质量法的法律常识
- 消费者权益保护法的法律常识
- 反不正当竞争法和反垄断法的法律常识

《老板要懂的法律常识》一书由侯其锋主编，在编写整理过程中，获得了许多朋友的帮助和支持，其中参与编写和提供资料的有安建伟、滕晋、赵辉、李宁宁、李浩、王建伟、王玲、王春华、王国利、王玉奇、王荣明、钟玲、吴业东、陈素娥、刘光文、刘作良、陈丽、高培群、高淑芬、鲁跟明、唐琼、况平、宁仁梅、刘春海、赵慧敏、温泉、刘俊、何立、匡仲潇，最后全书由侯其锋统稿、审核完成。同时本书还吸收了国内外有关专家、学者的最新研究成果，在此对他们一并表示感谢。

由于编者水平有限，加之时间仓促、参考资料有限，书中难免出现疏漏与缺憾，敬请读者批评指正。

编　者

目录
CONTENTS

导读　创业做老板成功要素

　　一、成功必备素质　　　　　　　　　　　　　　　　　　1
　　二、要持续不断地学习　　　　　　　　　　　　　　　　2

第一章　公司法的法律常识

　　作为一个老板，创业设立公司，有必要了解与公司有关的法律制度。本章主要介绍公司的概念、特征和种类，股东权利，公司的合并、分立和解散；有限责任公司、股份公司和国有独资公司的概念及基本制度；熟悉关于设立有限责任公司和股份有限公司的条件和程序，有限责任公司和股份有限公司的资本和组织机构等公司法基本内容。

　　一、公司的概念和种类　　　　　　　　　　　　　　　　6
　　二、公司法人财产权与股东权利　　　　　　　　　　　　6
　　三、公司的登记管理　　　　　　　　　　　　　　　　　7
　　四、有限责任公司　　　　　　　　　　　　　　　　　　8
　　　　相关链接：股东会的会议制度　　　　　　　　　　　9
　　　　相关链接：一人有限责任公司　　　　　　　　　　　10
　　五、股份有限公司的设立和组织结构　　　　　　　　　　11
　　　　相关链接：上市公司组织机构的特殊规定　　　　　　13
　　六、公司董事、监事、高级管理人员的资格和义务　　　　15
　　七、公司的变更　　　　　　　　　　　　　　　　　　　16
　　八、公司的解散与清算　　　　　　　　　　　　　　　　17

第二章　合同法的法律常识

　　合同法的内容包罗万象，庞大复杂。要面面俱到地分析其每一种合同的法律风险是比较困难的。本文仅就与公司日常经营活动关系最密切的合同签订、履行过程中的风险防范问题，供参考。

一、合同的定义 20
二、有关合同的重要法律规范 20
三、合同的形式与内容 20
四、合同的效力 21
五、合同的履行 23
六、合同的变更和转让 24
七、合同的终止 25
八、合同签订的风险防范法律常识 28
九、合同履行中风险防范法律常识 32

第三章 税务法的法律常识

依法纳税是每个企业和公民应尽的义务，学习和了解国家税收政策和有关规定对于确保合法经营和企业正常业务的开展具有十分重要的意义。

一、税收的概念 36
二、税收的类别和税种 36
　　相关链接：小微企业免征增值税和营业税 40
三、税务登记 50
四、税务发票管理 53
五、纳税申报 55
六、税款征收 56
七、税收检查及法律责任 57

第四章 劳动法的法律常识

企业劳动关系的调整是我国劳动法调整的重点内容，在劳动关系中劳动关系的双方当事人，企业一方被称为用人单位，另一方是劳动者。国家对企业内部劳动关系的法律调整主要是通过制订劳动标准、劳动监察及劳动争议处理制度等进行的，目的是保护劳动者合法权益，促使企业依法行使劳动管理控制权。

一、劳动保障相关法律法规 61
二、劳动合同的必备条款 61
三、劳动合同的期限 62

四、签订劳动合同时的告知义务　　　　　　　　　　62
五、不能要求员工提供担保及扣押证件　　　　　　　63
六、必须与劳动者订立无固定期限的劳动合同的情形　64
七、避免签无效劳动合同　　　　　　　　　　　　　64
八、对拒签劳动合同的员工立即终止劳动关系　　　　65
九、劳动合同的解除　　　　　　　　　　　　　　　66
十、工资福利制度　　　　　　　　　　　　　　　　67
十一、社会保险制度　　　　　　　　　　　　　　　67
十二、工作时间和休息休假制度　　　　　　　　　　68
十三、女职工劳动保护的规定　　　　　　　　　　　68
十四、女职工的产假和哺乳期时间规定　　　　　　　69
十五、国家对未成年工劳动保护的规定　　　　　　　69
十六、哪些违法行为劳动保障部门应当依法查处　　　69
十七、劳动争议的处理　　　　　　　　　　　　　　70

第五章　担保法的法律常识

担保是企业在市场经济条件下的一种常见行为。担保行为越普遍，担保纠纷也就越多，因担保而被拖累以至于企业经营举步维艰的情况也屡见不鲜。因此，作为一个企业老板一定要认真对待并严格控制，担保风险应该引起企业的足够重视。

一、担保的概念　　　　　　　　　　　　　　　　　73
二、担保的形式　　　　　　　　　　　　　　　　　73
三、为别人提供担保应考虑的因素　　　　　　　　　76
四、保证合同的签订　　　　　　　　　　　　　　　76
　【实战范本】保证担保合同　　　　　　　　　　　79
五、担保风险的防范　　　　　　　　　　　　　　　85

第六章　知识产权法的法律常识

知识产权是对智力成果享有的权利。知识产权包括工业产权和著作权。而工业产权包括专利权与商标权。知识产权法是指调整在创造、利用智力成果和商业标记过程中所产生的各种权利义务关系的法律规范的总称。

一、专利权　　　　　　　　　　　　　　　　　　　90

　　　　相关链接：什么样的发明创造不授予实用新型专利权　　　92
　　　　相关链接：外观设计专利不予保护的一些具体内容是什么　　93
　　二、商标法律制度　　　　　　　　　　　　　　　　　　　　94
　　三、著作权法律制度　　　　　　　　　　　　　　　　　　　100

第七章　招标投标法的法律常识

　　一个企业任何时候都有可能面临招标、投标的项目，而不管招标还是投标，都要遵循招投标法的规定。而作为企业的老板只有对招投标法有充分的了解，才不至于陷入到违法的境况中。

　　一、招标与投标的概念　　　　　　　　　　　　　　　　　　105
　　二、招标的项目　　　　　　　　　　　　　　　　　　　　　105
　　三、招标投标活动应当遵循的原则及其行政监督　　　　　　　105
　　四、招标投标的方式与程序　　　　　　　　　　　　　　　　106
　　五、招标人违法应当承担的法律责任　　　　　　　　　　　　110
　　六、投标人（中标人）违反《招标投标法》的行为及责任　　　112

第八章　安全生产法的法律常识

　　安全生产是指在社会生产过程中控制和减少职业危害因素，避免和消除劳动场所的风险，保障从事劳动人员和相关人员的人身安全健康以及劳动场所的设备、财产安全。安全生产法律制度，是国家为了实现安全生产而制定的各种法律规范的总称。有关安全生产方面的各种法律、法规及各行业的安全生产法规很多，其中《安全生产法》最重要，也适合各行各业。在此我们主要摘录一部分管理人员必须了解的安全生产法规知识。

　　一、有关安全生产的法律法规　　　　　　　　　　　　　　　116
　　二、《安全生产法》　　　　　　　　　　　　　　　　　　　116
　　三、安全生产方针　　　　　　　　　　　　　　　　　　　　116
　　四、企业安全生产的基本义务　　　　　　　　　　　　　　　117
　　五、企业主要负责人的安全责任　　　　　　　　　　　　　　119
　　六、安全生产责任制　　　　　　　　　　　　　　　　　　　120
　　七、安全生产教育和培训　　　　　　　　　　　　　　　　　120
　　八、特种作业人员资格制度　　　　　　　　　　　　　　　　122

九、设置明显的安全警示标志的义务　　　　　　　　　123
十、安全设备的标准与维护　　　　　　　　　　　　　123
十一、企业对危险物品的容器、运输工具的检测、检验义务　123
十二、生产、经营、运输、储存、使用危险物品或者处置废
　　　弃危险物品的基本制度　　　　　　　　　　　　124
十三、重大危险源的监督管理制度　　　　　　　　　　124
十四、生产安全事故隐患排查治理制度　　　　　　　　125
十五、危险物品隔离以及保持生产经营场所和员工宿舍出口
　　　畅通制度　　　　　　　　　　　　　　　　　　125
十六、特殊危险作业的现场安全管理制度　　　　　　　126
十七、安全教育和告知的义务　　　　　　　　　　　　126
十八、为从业人员提劳动保护用品的义务　　　　　　　126
十九、安全生产管理人员的检查义务和报告义务　　　　127
二十、企业参加工伤保险和安全生产责任保险的义务　　128
二十一、生产安全事故责任追究制度　　　　　　　　　129
二十二、从业人员在安全生产方面的权利和义务　　　　130

第九章　产品质量法的法律常识

产品质量的好坏，关系到企业的生死存亡，要发展就要把质量放在首位，产品质量法是调整产品质量关系的法律，《中华人民共和国产品质量法》（以下简称《产品质量法》）调整的对象有两个：一是产品质量责任关系；二是产品质量监督管理关系。作为一个企业的老板，无疑必须了解与产品质量有关的法律制度。

一、产品质量　　　　　　　　　　　　　　　　　　　134
二、《产品质量法》的适用范围　　　　　　　　　　　　134
三、生产者的产品质量义务　　　　　　　　　　　　　135
　　相关链接：合格产品和不合格产品　　　　　　　　139
四、销售者的产品质量义务　　　　　　　　　　　　　140
五、产品质量损害赔偿责任　　　　　　　　　　　　　143
六、产品质量责任的归责原则　　　　　　　　　　　　144
七、产品质量监督管理　　　　　　　　　　　　　　　146
八、违反产品质量义务的法律责任　　　　　　　　　　148
　　相关链接：判定产品质量责任的依据　　　　　　　150

第十章 消费者权益保护法的法律常识

消费者权益保护法是维护全体公民消费权益的法律规范的总称,是为了保护消费者的合法权益,维护社会经济秩序稳定,促进社会主义市场经济健康发展而制定的一部法律。

2014年3月15日,由全国人大修订的新版《中华人民共和国消费者权益保护法》(简称"新消法")正式实施。《消费者权益保护法》分总则、消费者的权利、经营者的义务、国家对消费者合法权益的保护、消费者组织、争议的解决、法律责任、附则8章63条。

一、有关消费者权益保护的术语	153
二、消费者权利的具体内容	153
三、经营者的义务	157
四、侵犯消费者合法权益的法律责任	159

第十一章 反不正当竞争法和反垄断法的法律常识

市场经济是竞争型经济,只要存在商品经济,就必然存在竞争。市场经济是有规制的竞争型经济。垄断是自由竞争的市场经济的发展结果,它是自由竞争的异化物,它是不公平竞争最为重要的外部原因,它使竞争主体的竞争环境恶化,致使公平竞争的基础受到严重破坏。因此,必须依反垄断法来禁止垄断和限制竞争的行为。

一、反不正当竞争法	166
相关链接:回扣、折扣、佣金的区别	170
二、价格法律制度	177
三、广告法律制度	181
相关链接:广告的基本要求	182
四、有关商业秘密保护的法律规定	186
相关链接:如何保护自己的商业秘密	189
五、有关竞业限制的法律规定	190
【实战范本】竞业限制协议书	193

创业做老板成功要素

众所周知,创业是一个复杂的过程,要取得成功,除了具备一定的素质外,更要有不断学习的精神,掌握与企业经营相关的法律知识。

一、成功必备素质

不是所有的人创业当老板都一定会成功,每一个成功的老板都有自己特定的素质。获得创业的成功,不仅需要项目、资金和运气,更与创业者的个人素质密切相关。

(一)强烈的创业动机

首先你得知道自己的动机,不管是为了实现人生价值也好,为了创造更多财富也好,还是为了改变现状,总之心理要有一个非常明确的动机,而且这种动机是来自骨子里,根深蒂固,一刻也不会动摇的,因为这种强烈的动机会伴随你整个创业过程。

(二)要有好的执行力

执行力是创业最不可缺少的素质,万事开头难,做任何事情是否能下定决心去做,这是最关键的。创业需要一番破釜沉舟的勇气,犹犹豫豫的人是很难成功的。90%以上的新人,都是"晚上想着千条路,早上起来走原路",缺乏执行力和行动力。

(三)要有承受风险的心理准备

任何事情都有风险的存在,好的心理素质是成功的关键。机遇总是伴随着风险。所以创业之人，一定要有承担创业失败风险的能力和心理素质。创业中遇到的问题永远都会超出你的想象，如果不能接受创业失败的风险，还是找一份稳定的工作为好。如果能将创业失败最坏的打算都罗列出来，你依然能够接受，那就勇敢地去闯吧。

（四）利用好一切有用资源

学会利用资源能够让你事半功倍，都说创业需要机遇，其实就在你的身边，看你能不能用好，这也是一个创业者要具备的最基本的眼光和商业意识。要充分利用好身边的一切有用资源，包括资金、人脉、信息、渠道等，最好从身边熟悉的行业或有兴趣的行业入手，这也是所有创业者当初面临的问题，不知从哪里下手，觉得自己什么都行，再想想觉得又什么都不行。

你可以先进入一个行业，跟别人学做一年半载，学到行业基本知识后，再出来创业；找一个要好的朋友，向他学习，让他带你一段时间；找个有行业经验的合伙人一起做，这样走的弯路也少，上手也会很快；或者选择加盟一些创业平台，这类创业平台会有总公司提供全套的技术支持，比如国内目前比较流行的消费品创业平台，手把手教授，还提供完善的售后跟进服务，很适合没有经验的创业者，当然相对来说不会有暴利。如果想一口吃成胖子，肯定会失败的。

（五）要对自己非常有信心

相信自己才是成功的关键，尤其是在创业的路上，人的任何动力都是来自精神层面和意识层面，而且人越是在困难和挫折面前就越容易退缩。创业并非人人适合，创业中遇到的困难和问题有时会让你绝望，无所适从，这时更要相信自己，告诉自己"我能行"，想着自己未来成功的时刻，你就会咬咬牙挺过去。

（六）一刻也不要放弃

不抛弃不放弃，再苦再难，也要坚强。在一个行业要坚持做下去，一刻也不要放弃。要不断地总结经验和调整经营策略，要经常反省自己，找出自己的不足之处，加以改正。

二、要持续不断地学习

作为创业者，在企业的经营过程中会遇到许多经营管理的难题，因此需要持续不断地学习，要学习各种知识，包括行业的相关知识，各类管理、营销、人力、策划、财税、法律知识等。一个没有很好学习能力的创业者,很难将企业经营好,也很难当一个赚钱的老板。

《老板应懂的法律常识》为创业的老板们介绍企业创办和经营过程中应关注的法律知识,主要内容如表0-1所示。

表0-1 企业创办和经营过程中应关注的法律常识

序号	知识点	具体内容描述
1	公司法的法律常识	·公司的概念和种类 ·公司法人财产权与股东权利 ·公司的登记管理 ·有限责任公司 ·股份有限公司的设立和组织结构 ……
2	合同法的法律常识	·合同的定义 ·有关合同的重要法律规范 ·合同的签订 ·合同的效力 ·合同的履行 ……
3	税务法的法律常识	·税收的概述 ·税收的种类 ·税法 ·我国税收的种类 ·税务登记 ……
4	劳动法的法律常识	·劳动保障相关法律法规 ·劳动合同的必备条款 ·劳动合同的期限 ·签订劳动合同时的告知义务 ·不能要求员工提供担保及扣押证件 ……
5	担保法的法律常识	·担保的概念 ·担保的形式 ·为别人提供担保应考虑的因素 ·保证合同的签订 ·担保风险的防范
6	知识产权法的法律常识	·专利权 ·商标法律制度 ·著作权法律制度

续表

序号	知识点	具体内容描述
7	招标投标法的法律常识	·招标与投标的概念 ·招标的项目 ·招标投标活动应当遵循的原则及其行政监督 ·招标投标的方式与程序 ·招标人违法应当承担的法律责任 ·投标人（中标人）违反《招标投标法》的行为及责任
8	安全生产法的法律常识	·有关安全生产的法律法规 ·《安全生产法》 ·安全生产方针 ·企业安全生产的基本义务 ·企业主要负责人的安全责任 ……
9	产品质量法的法律常识	·产品质量 ·《产品质量法》的适用范围 ·生产者的产品质量义务 ·销售者的产品质量义务 ·产品质量损害赔偿责任 ……
10	消费者权益保护法的法律常识	·关消费者权益保护的术语 ·消费者权利的具体内容 ·经营者的义务 ·侵犯消费者合法权益的法律责任
11	反不正当竞争法和反垄断法的法律常识	·反不正当竞争法 ·价格法律制度 ·广告法律制度 ·有关商业秘密保护的法律规定 ·有关竞业限制的法律规定

第一章

公司法的法律常识

 引言 ▶▶▶

作为一个老板,创业设立公司,有必要了解与公司有关的法律制度。本章主要介绍公司的概念、特征和种类,股东权利,公司的合并、分立和解散;有限责任公司、股份公司和国有独资公司的概念及基本制度;熟悉关于设立有限责任公司和股份有限公司的条件和程序,有限责任公司和股份有限公司的资本和组织机构等公司法基本内容。

一、公司的概念和种类

（一）公司的概念

公司是指依法设立的，以盈利为目的的，由股东投资形成的企业法人。

（二）公司的种类

依照不同的标准，对公司有不同的分类，如图1-1所示。

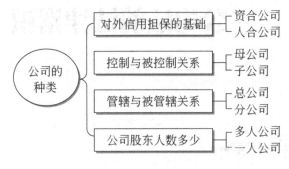

图1-1 公司的种类

（1）资合公司：以公司的资产数额作为公司信用基础的公司。

（2）母公司：能对另一公司进行控制的公司。

（3）子公司：被另一公司控制或支配的公司。

（4）总公司：对其所属分公司进行统一管理具有法人资格的公司。

（5）分公司：由总公司设置，隶属于总公司，受总公司管辖的公司，不具有法人资格，其民事责任由总公司承担。

二、公司法人财产权与股东权利

（一）公司法人财产权

法人财产权是指公司拥有的由股东投资形成的财产，并依法对财产享有占有、使用、受益、处分的权利。

股东投资于公司的财产需要通过对资本的注册与股东的其他财产明确分开，不允许股东在公司成立后又抽逃投资，或者占用、支配公司的资金、财产。

（二）公司股东权利

公司股东依法享有资产受益、参与重大决策和选择管理者等权利。

三、公司的登记管理

公司登记,是国家赋予公司法人资格与企业经营资格,并对公司的设立、变更、注销加以规范、公示的行政行为。

公司登记分为设立登记、变更登记、注销登记。

设立公司,应当依法向公司登记机关申请设立登记。

(一)登记管辖

工商行政管理机关。

我国实行国家、省(自治区、直辖市)、市(县)三级管辖制度。

(二)登记事项

(1)名称。

(2)住所。

(3)法定代表人(董事长、执行董事或者经理担任)。

(4)注册资本。

(5)公司类型。

(6)经营范围。

(7)营业期限。

(8)股东出资额、出资时间、出资方式等。

(三)设立登记

(1)预先核准的公司名称保留期为6个月,经核准的公司名称在保留期内不得用于从事经营活动,不得转让。

(2)依法设立的公司,由公司登记机关发给《营业执照》。

(3)公司营业执照的签发日期为公司成立日期。

(四)变更登记

(1)公司名称、法定代表人、经营范围:自变更决议作出之日起30日内申请变更登记。

(2)减少注册资本、合并、分立:自公告之日起45日后申请变更登记。

(3)变更实收资本:自足额缴纳出资或者股款之日起30日内申请变更登记。

(4)有限责任公司股东转让股权的,应当自转让股权之日起30日内申请变更登记。

(5)住所:应当在迁入新住所前申请变更登记。

(6)"董事、监事、经理"发生变动的,无需变更登记,只需"备案"。

（五）关于公司登记的其他注意事项

注销登记：经公司登记机关注销登记、公司终止。

分公司的登记：分公司的公司登记机关准予登记的，发给《营业执照》。

四、有限责任公司

（一）有限责任公司的设立

1.设立的条件

有限责任公司设立的条件为五项，如图1-2所示。

条件一	股东符合法定人数：50名以下（既可以是自然人，也可以是法人）
条件二	有符合公司章程规定的全体股东认缴的出资额 (1)有限责任公司的注册资本为在公司登记机关登记的全体股东认缴的出资额 (2)股东可以用货币出资，也可以用实物、知识产权、土地使用权等可以用货币估价并可以依法转让的非货币财产作价出资 (3)股东应当按期足额缴纳公司章程中规定的各自所认缴的出资额。股东以货币出资的，应当将货币出资足额存入有限责任公司在银行开设的账户；以非货币财产出资的，应当依法办理其财产权的转移手续
条件三	股东共同制订公司章程：公司章程是记载公司组织、活动基本准则的公开性法律文件
条件四	有公司名称，建立符合要求的组织机构：股东会、董事会或执行董事、监事会或监事
条件五	有公司住所

图1-2 有限责任公司设立的条件

2.设立的程序

设立的程序如图1-3所示。

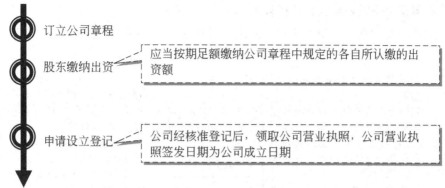

图1-3 有限责任公司设立的程序

（二）有限责任公司的组织机构

有限责任公司的组织机构为股东会、董事会、监事会。

1.股东会（有限公司的权力机构）

股东会的职权为：选举和更换由"非职工代表"担任的董事、监事，决定有关董事、监事的报酬事项。

 相关链接 ▶▶▶

股东会的会议制度

一、股东会会议

（1）股东会会议分为定期会议和临时会议。代表1/10以上表决权的股东，1/3以上的董事，监事会或者不设监事会的公司的监事提议召开临时会议的，应当召开临时会议。

（2）首次股东会会议由"出资最多"的股东召集和主持。以后的股东会会议，由董事会召集，董事长主持。

（3）股东会会议由股东按出资比例行使表决权，但是，公司章程另有规定的除外。

二、股东会的特别决议

（1）修改公司章程。

（2）增加或者减少注册资本。

（3）公司合并、分立、解散。

（4）变更公司形式（例如，有限责任公司变更为股份有限公司）。

上述决议必须经代表2/3以上表决权的股东通过。

2. 董事会（股东会的执行机构）

董事会是股东会的执行机构，其人员组成及职权如图1-4所示。

董事会的组成	董事会的职权
(1)有限责任公司董事会由3～13人组成 (2)两个以上的国有企业投资设立的有限责任公司，董事会成员中"应当"包括职工代表；其他有限责任公司董事会成员中也可以有职工代表（也可以没有） (3)董事会设董事长一人，"可以"设副董事长 (4)有限责任公司董事长、副董事长的产生办法由公司章程规定 (5)董事任期由公司章程规定，但每届任期不得超过3年，连选可以连任	董事会的一般职权是"制订方案"，提交股东会表决通过；董事会有权直接"决定"的事项包括： (1)决定公司的经营计划和投资方案 (2)决定公司内部管理机构的设置 (3)决定聘任或者解聘公司经理；根据经理的提名，聘任或者解聘公司副经理、财务负责人，并决定其报酬事项

小公司的特别规定
股东人数较少或者规模较小的有限责任公司，可以设1名执行董事，不设立董事会，执行董事可以兼任公司经理

图1-4 董事会的人员组成及职权

3. 监事会

有限责任公司设立监事会，其成员不得少于3人。股东人数较少或者规模较小的有限责任公司，可以设1～2名监事，不设立监事会。

监事会应当包括股东代表和适当比例的公司职工代表，其中职工代表比例不得低于1/3。

董事、高级管理人员不得兼任监事。高级管理人员是指公司的经理、副经理、财务负责人、上市公司董事会秘书等。

 相关链接 ▶▶▶

一人有限责任公司

一人有限责任公司是指只有一个自然人股东或者一个法人股东的有限责任公司。

特别规定：

（1）一个自然人只能投资设立一个一人有限责任公司。该一人有限责任公司不能投资设立新的一人有限责任公司。

（2）一人有限责任公司的股东不能证明公司财产独立于股东自己的财产的，应当对公司债务承担连带责任。

（3）不设股东会。

（三）有限责任公司的股权转让

1. 股东向股东以外的人转让股权

（1）股东向股东以外的人转让股权，应当经"其他"股东"过半数"同意。

（2）股东应就其股权转让事项书面通知其他股东征求同意，其他股东自接到书面通知之日起满30日未答复的，视为同意转让。

（3）不同意的股东应当购买该转让的股权，不购买的，视为同意转让。

（4）经股东同意转让的股权，在同等条件下，其他股东有优先购买权。两个以上股东主张行使优先购买权的，协商确定各自的购买比例；协商不成的，按照转让时各自的出资比例行使优先购买权。

（5）公司章程对股权转让另有规定的，从其规定。即公司章程可以对股权转让作出与《中华人民共和国公司法》（以下简称《公司法》）不同的规定。

2. 人民法院强制转让股东股权

人民法院强制转让股东股权是指人民法院依照民事诉讼法等法律规定的执行程序，强制执行生效的法律文书时，以拍卖、变卖或者其他方式转让有限责任公司股东的股权。

人民法院在强制转让股东股权时，应当通知公司及全体股东，其他股东在同等条件下有优先购买权。

五、股份有限公司的设立和组织结构

（一）股份有限公司的设立

1. 设立方式

（1）发起设立：由发起人认购公司应发行的全部股份而设立公司。

（2）募集设立：由发起人认购公司应发行股份的一部分，其余股份向社会公众募集或者向特定对象募集而设立公司。

2. 设立条件

股份有限公司的设立条件如图1-5所示。

| 条件一 | 发起人符合法定人数 |

股份有限公司的发起人为2～200人，其中须有半数以上的发起人在中国境内有住所

| 条件二 | 股本总额 |

有符合公司章程规定的全体发起人认购的股本总额或者募集的实收股本总额

| 条件三 | 章程 |

发起人制订公司章程，采用募集方式设立的经创立大会通过

| 条件四 | 名称及住所 |

图1-5　股份有限公司的设立条件

3.发起人的义务

以发起设立方式设立股份有限公司的，发起人应当书面认定公司章程规定其认购的股份，并按照公司章程规定缴纳出资。以非货币财产出资的，应当依法办理其财产权的转移手续。发起人不依照前款规定缴纳出资的，应当按照发起人协议承担违约责任。

（二）股份有限公司的组织机构

1.股东大会

股东大会是公司的权力机构。

股东大会由全体股东组成。

股东大会分为股东年会和临时股东大会两种，如图1-6所示。

| 股东年会 | 是指依照法律和公司章程的规定每年按时召开的股东大会 |

| 临时股东大会 | 是指股份有限公司在出现召开临时股东大会的法定事由时，应当在法定期限2个月内召开的股东大会。包括：
(1)董事人数不足法定最低人数5人或者不足公司章程规定人数的2/3时
(2)公司未弥补的亏损达实收股本总额的1/3时
(3)单独或者合计持有公司有表决权股份总数10%以上的股东请求时
(4)董事会认为必要时
(5)监事会提议召开时 |

图1-6　股东大会的分类

股东大会的决议。
(1) 普通事项：必须经出席会议的股东所持表决权"过半数"通过。
(2) 特别事项：必须经出席会议的股东所持表决权的2/3以上通过。
① 修改公司章程。
② 增加或者减少注册资本。
③ 公司合并、分立、解散。
④ 变更公司形式。

特别提示 ▶▶▶

股东大会的会议记录由"主持人、出席会议的董事"（而非股东）签名。

2.董事会

股份有限公司董事会的职权与有限责任公司基本相同。

董事会成员为5~19人。

董事会成员中可以有职工代表。董事会中的职工代表由公司职工通过职工代表大会、职工大会或者其他形式民主选举产生。

3.监事会

股份有限公司、有限责任公司监事会的组成、职权基本相同，主要区别在会议频率：有限责任公司的监事会每年至少召开1次，股份有限公司的监事会每6个月至少召开1次。

相关链接 ▶▶▶

上市公司组织机构的特殊规定

一、增加了股东大会的特别决议事项

上市公司在1年内购买、出售重大资产或者担保金额超过公司"资产总额"30%的，应当由股东大会作出决议，并经出席会议的股东所持表决权的2/3以上通过。

二、上市公司设立独立董事

上市公司独立董事是指，不在公司担任除董事外的其他职务，并与其所聘任的上市公司及其主要股东不存在可能妨碍其进行独立客观判断的关系的董事。

独立董事的主要职责在于对控股股东及其选任的董事、高级管理人员，以及其与上市公司进行的关联交易进行监督。

三、上市公司设立董事会秘书

董事会秘书是董事会设置的服务席位，既不能代表董事会，也不能代表董事长。董事会秘书是上市公司的高级管理人员。

四、增设关联关系董事的表决权排除制度

上市公司董事与董事会会议决议事项所涉及的企业有关联关系的，不得对该项决议行使表决权,也不得代理其他董事行使表决权。

该董事会会议由过半数的"无关联关系"董事出席即可举行,董事会会议所作决议须经"无关联关系"董事过半数通过。

出席董事会的无关联关系董事人数不足3人的,应将该事项提交上市公司股东大会审议。

(三)股份有限公司的股份发行和转让

1.股份发行

股份有限公司的基本特征之一,就是注册资本划分为金额相等的股份,公司的股份采取股票的形式。

股票是指公司签发的证明股东所持股份的凭证。

股票发行价格可以按照票面金额(平价发行),也可以超过票面金额(溢价发行),但不能低于票面金额。

2.股份转让

股份转让的规定如图1-7所示。

规定一	发起人

(1)发起人持有的本公司股份,自公司成立之日起1年内不得转让
(2)公司公开发行股份前已发行的股份,自公司股票在证券交易所上市交易之日起1年内不得转让

规定二	董事、监事、高级管理人员

(1)董事、监事、高级管理人员(经理、副经理、财务负责人)在任职期间每年转让的股份不得超过其所持有本公司股份总数的25%
(2)董事、监事、高级管理人员所持本公司股份,自公司股票上市交易之日起1年内不得转让
(3)董事、监事、高级管理人员离职后6个月内,不得转让其所持有的本公司股份
(4)公司章程可以对公司董事、监事、高级管理人员转让其所持有的本公司股份作出其他限制性规定

规定三	可以收购本公司股份的法定条件

(1)减少公司注册资本:应当经股东大会决议,公司收购本公司股份后,应当自收购之日起10日内注销
(2)与持有本公司股份的其他公司合并:应当经股东大会决议,公司收购本公司股份后,应当在6个月内转让或者注销
(3)将股份奖励给本公司职工:应当经股东大会决议。收购的本公司股份,不得超过本公司已发行股份总额的5%,用于收购的资金应当从公司税后利润中支出,所收购的股份应当在1年内转让给职工

图1-7 股份转让的规定

六、公司董事、监事、高级管理人员的资格和义务

（一）不具备公司董事、监事、高级管理人员资格的情况

（1）无民事行为能力或者限制民事行为能力。

（2）因犯有贪污、贿赂、侵占财产、挪用财产罪或者破坏社会经济秩序罪，被判处刑罚，执行期满未逾五年，或者因犯罪被剥夺政治权利，执行期满未逾五年。

（3）担任因经营不善破产清算的公司、企业的董事或者厂长、经理，并对该公司、企业的破产负有个人责任的，自该公司、企业破产清算完结之日起未逾三年。

（4）担任因违法被吊销营业执照、被责令关闭的公司、企业的法定代表人，并负有个人责任的，自该公司、企业被吊销营业执照之日起未逾三年。

（5）个人所负数额较大的债务到期未清偿。

（6）国家公务员不得兼任公司的董事、监事、经理。

（7）公司的董事、高级管理人员不得兼任公司的监事。

（二）董事、高级管理人员不得有下列行为

（1）挪用公司资金。

（2）将公司资金以其个人名义或者以其他个人名义开立账户存储。

（3）违反公司章程的规定，未经股东会、股东大会或者董事会同意，将公司资金借贷给他人或者以公司财产为他人提供担保。

（4）违反公司章程的规定或者未经股东会、股东大会同意，与本公司订立合同或者进行交易。

（5）未经股东会或者股东大会同意，利用职务便利为自己或者他人谋取属于公司的商业机会，自营或者为他人经营与所任职公司同类的业务。

（6）接受他人与公司交易的佣金归为己有。

（7）擅自披露公司秘密。

（8）违反对公司忠实义务的其他行为。

> **特别提示** ▶▶▶
>
> 董事、高级管理人员违反前款规定所得的收入应当归公司所有。

（三）股东诉讼

1.股东代表（公司）诉讼

公司董事、监事、高级管理人员执行公司职务时违反法律、行政法规或者公

司章程的规定,给"公司"造成损失的,应当承担赔偿责任。既然给"公司"造成了损失,侵犯了"全体股东"的利益,公司应当作为原告要求董事、监事承担赔偿责任。如果公司不出面的话,股东有权代表公司对董事、监事提起诉讼。

因此,股东代表诉讼(间接诉讼)的目的,是为了保护公司利益和股东的"共同利益",而不仅仅是个别股东的利益,为保护个别股东利益而进行的诉讼属于股东直接诉讼。

内部人(董事、监事、高级管理人员)给公司造成损失,提起股东代表诉讼的程序如下:

(1)"董事、高级管理人员"犯错误:找监事会。

(2)"监事"犯错误:找董事会。

(3)如果董事、监事互相包庇:直接找人民法院。

(4)外部人(公司以外的他人)给公司造成损失:股东(有限责任公司的股东、股份有限公司连续180日以上单独或者合计持有公司1%以上股份的股东),可以书面请求董事会或者监事会向人民法院提起诉讼,或者直接向人民法院提起诉讼。

2.股东直接诉讼

公司董事、高级管理人员违反法律、行政法规或者公司章程的规定,损害"股东"利益的,"股东"可以(直接作为原告)向人民法院提起诉讼。

七、公司的变更

(一)公司合并可以采取吸收合并或者新设合并

公司合并,应当由合并各方签订合并协议,并编制资产负债表及财产清单。公司应当自作出合并决议之日起10日内通知债权人,并于30日内在报纸上公告。债权人自接到通知书之日起30日内,未接到通知书的自公告之日起45日内,可以要求公司清偿债务或者提供相应的担保。

(二)公司分立,其财产作相应的分割

公司分立,应当编制资产负债表及财产清单。公司应当自作出分立决议之日起10日内通知债权人,并于30日内在报纸上公告。

公司分立前的债务由分立后的公司承担连带责任。但是,公司在分立前与债权人就债务清偿达成的书面协议另有约定的除外。

(三)公司需要减少注册资本时

公司需要减少注册资本时,必须编制资产负债表及财产清单。

公司应当自作出减少注册资本决议之日起10日内通知债权人,并于30日内在报纸上公告。债权人自接到通知书之日起30日内,未接到通知书的自公告之日起45日内,有权要求公司清偿债务或者提供相应的担保。

公司减资后的注册资本不得低于法定的最低限额。

(四)有限责任公司增加注册资本时

有限责任公司增加注册资本时,股东认缴新增资本的出资,依照公司法设立有限责任公司缴纳出资的有关规定执行。

八、公司的解散与清算

(一)公司解散的原因

公司一般因下列原因解散。
(1)公司章程规定的营业期限届满或者公司章程规定的其他解散事由出现。
(2)股东会或者股东大会决议解散。
(3)因公司合并或者分立需要解散。
(4)依法被吊销营业执照、责令关闭或者被撤销。
(5)人民法院依照《公司法》第一百八十三条的规定予以解散。

(二)公司清算组

(1)应当在解散事由出现之日起15日内成立清算组。
(2)有限责任公司清算组由股东组成,股份有限公司的清算组由董事或者股东大会确定人员组成。债权人可以申请人民法院指定人员组成清算组进行清算。

 侯律师说法

经典案例

甲股份有限公司(以下简称甲公司)于2015年2月1日召开董事会会议,该次会议召开情况及讨论决议事项如下。

(1)甲公司董事会的7名董事中有6名出席该次会议。其中,董事谢某因病不能出席会议,电话委托董事李某代为出席会议并行使表决权。

(2)甲公司与乙公司有业务竞争关系,但甲公司总经理胡某于2013年下半年擅自为乙公司从事经营活动,损害甲公司的利益,故董事会作出如下决定：解聘公司总经理胡某；将胡某为乙公司从事经营活动所得的收益收归甲公司所有。

（3）为完善公司经营管理制度，董事会会议通过了修改公司章程的决议，并决定从通过之日起执行。

问题

（1）董事谢某电话委托董事李某代为出席董事会会议并行使表决权的做法是否符合法律规定？

（2）董事会作出解聘甲公司总经理的决定是否符合法律规定？

（3）董事会作出将胡某为乙公司从事经营活动所得的收益收归甲公司所有的决定是否符合法律规定？

（4）董事会作出修改公司章程的决议是否符合法律规定？简要说明理由。

案例评析

（1）根据规定，股份有限公司召开董事会，董事因故不能出席时，可以书面委托其他董事代为出席，但书面委托书中应载明授权范围。在本案中，董事谢某以电话方式委托董事李某代为出席会议行使表决权，委托方式不合法。

（2）根据规定，解聘公司经理属于董事会的职权。

（3）根据规定，董事、高级管理人员不得未经股东会或股东大会同意，利用职务便利为自己或者他人谋取属于公司的商业机会，自营或者为他人经营与所任职公司同类的业务，否则所得收入归公司所有。

（4）根据规定，股份有限公司修改公司章程应由股东大会决定。

第二章

合同法的法律常识

合同法的内容包罗万象，庞大复杂。要面面俱到地分析其每一种合同的法律风险是比较困难的。本文仅就与公司日常经营活动关系最密切的合同签订、履行过程中的风险防范问题，供参考。

一、合同的定义

《中华人民共和国合同法》(以下简称《合同法》)第二条明确规定：合同是指平等主体的自然人、法人、其他组织之间设立、变更、终止民事权利义务关系的协议。

二、有关合同的重要法律规范

有关合同的重要法律规范有《合同法》、《中华人民共和国保险法》(以下简称《保险法》)、《中华人民共和国担保法》(以下简称《担保法》)、《中华人民共和国物权法》(以下简称《物权法》)、《中华人民共和国民法通则》(以下简称《民法通则》)、《中华人民共和国电子签名法》(以下简称《电子签名法》)等。

三、合同的形式与内容

（一）合同的形式

合同的形式是指当事人达成协议所采取的形式，是合同内容的外部表现形式，具体有三种，如图2-1所示。

第一种	书面形式
	书面形式是指合同书、信件和数据电文等可以有形地表现所载内容的形式。采用书面形式的最大优点在于合同内容即当事人的意思表示已经形成文字，双方当事人的权利义务已经确定，便于分清责任
第二种	口头形式
	口头形式是指当事人只用语言为意思表示，而不用文字表达合同内容的形式。一旦发生纠纷，当事人必须举证证明合同的存在及合同的内容，但发生纠纷时难以取证，不易分清责任
第三种	其他形式
	比如：推定形式和默示形式等

图2-1　合同的形式

（二）合同的内容

合同内容即合同的条款，合同一般包括以下条款。

（1）当事人的名称或者姓名和住所。

（2）标的，即合同双方当事人权利和义务所共同指向的对象。

（3）数量。

（4）质量。

（5）价款或者报酬。

（6）履行期限、地点和方式。

（7）违约责任。

（8）解决争议的方法。

四、合同的效力

（一）合同效力的一般规定

依法成立的合同，自成立时起生效。法律、行政法规规定应当办理批准、登记等手续才能生效的，依据该法律、行政法规的规定确定生效时间。

合同生效必须具备以下要件。

（1）订立合同的主体合法。

（2）当事人的意思表示真实。

（3）合同的目的、内容合法。

（4）在法律有特别规定的情形下，形式合法。

（二）无效合同

合同无效是指已经订立但因欠缺生效条件而不发生法律效力的合同。

1. 无效合同的情形

无效合同分为全部无效和部分无效。依据《合同法》第五十二条的规定，有下列情形之一的，合同无效。

（1）一方以欺诈、胁迫的手段订立合同，损害国家利益。

（2）恶意串通，损害国家、集体或者第三人利益。

（3）以合法形式掩盖非法目的。

（4）损害社会公共利益。

（5）违反法律、行政法规的强制性规定。

2. 无效合同的法律后果

无效合同自始没有法律约束力。合同部分无效，不影响其他部分效力的，其他部分仍然有效。

（三）可撤销合同

可撤销合同是指欠缺生效条件，一方当事人可依照自己的意愿请求人民法院或者仲裁机构变更合同的内容或者使合同的效力归于灭失的合同。

1. 可撤销合同的情形

根据《合同法》第五十四条的规定有下列情况之一的,可向人民法院或仲裁机构请求撤销或变更。

(1)因重大误解订立的合同。

(2)在订立合同时显失公平的合同。

(3)一方以欺诈胁迫的手段或乘人之危,使对方在违背真实意思的情况下订立的合同。

特别提示 ▶▶▶

当事人请求变更合同的,人民法院或者仲裁机构不得撤销。撤销权自债权人知道或者应当知道撤销事由之日起一年内行使。自债务人的行为发生之日起五年内没有行使撤销权的,该撤销权消灭。

2. 可撤销合同的法律后果

被撤销的合同,同无效合同一样,开始就没有法律约束力。

(四)效力待定合同

效力待定合同是指已订立的合同因欠缺有效条件,尚未确定能否发生当事人预期的法律效力,只有经过权利人的追认,才能发生当事人预期的法律效力的合同。

(1)限制行为能力人订立的合同,经法定代理人追认后,该合同有效。

(2)行为人没有代理权、超越代理权终止后仍以被代理人名义订立的合同,未经被代理人追认,对被代理人不发生法律效力由行为人承担责任。

(3)法人或其他组织的法定代表人,负责人超越权限订立的合同,除相对人知道或者应该知道其超越权限的以外,该代表行为有效。

(4)无处分权人处分他人财产的合同,经权利人追认或者无处分权的人订立合同后取得处分权的,该合同有效。

(五)合同无效或被撤销的法律后果

1. 返还财产

合同无效或被撤销后,因该合同取得的财产,应当予以返还;不能返还或者没有必要返还的,应当折价补偿。

2. 赔偿损失

有过错的一方应当赔偿对方因此所受到的损失,双方都有过错的,应当各自承担相应的责任。

五、合同的履行

合同的履行是指合同生效后,双方当事人完成合同中规定的各项义务的行为。

(一)合同履行的原则

(1)全面、适当履行,即当事人应当按照约定全面履行自己的义务。
(2)遵守诚实信用原则。

(二)条款不明确时合同的履行

对约定不明的合同条款,适用下列规定。

(1)质量要求标准不明确的合同条款,可按合同订立时实际履行的国家标准、行业标准执行,如果该类产品没有制订国标、行标,可按照通常习惯的标准或者符合合同的特定标准履行。

(2)价款和酬金条款不明确的,可按合同实际履行地或者签订合同时的市场价履行,如果该项产品是执行国家指导价的,按照国家规定执行。

(3)合同履行地点不明确的,一般可以在给付地点履行,如果是不动产的,应在该不动产所在地履行,也可在履行义务一方所在地履行。

(4)履行期限不明确的,债权人可以随时请求履行,债务人也应随时主动履行。

(5)履行方式不明确的,按照双方订立的合同,采用有利于实现合同目的的方式履行。

(6)履行费用的负担不明确的,由履行义务的一方承担合同履行费用。

(三)合同履行中的抗辩权

1. 同时履行抗辩权

同时履行抗辩权是指在没有规定履行顺序的双务合同中,当事人一方在当事人另一方未为对待给付以前,有权拒绝先为给付的权力。

2. 后履行抗辩权

后履行抗辩权是指当事人互负债务,有先后履行顺序,先履行一方未履行或履行债务不符合约定的,后履行一方有权拒绝其履行要求或相应的履行要求。

3. 不安抗辩权

不安抗辩权是指双务合同中,承担先履行一方的当事人,在对方缔约后由于财产状况明显恶化,可能难以保证对等债务履行时,先履行一方有权终止自己的履行除非对方作出担保。

根据我国《合同法》第六十八条的规定,应当先履行债务的当事人,有确切证据证明对方有下列情形之一的,可以中止履行。

(1)经营状况严重恶化。

(2)转移财产、抽逃资金,以逃避债务。

(3)丧失商业信誉。

(4)有丧失或者可能丧失履行债务能力的其他情形。

当事人没有确切证据中止履行的,应当承担违约责任。

(四)合同的保全措施

合同的保全措施,是指为了防止债务人的财产不当减少而给债权人的债权带来危害时,允许债权人为保全自己的债权的实现而采取的法律措施。包括代位权和撤销权。

1.代位权

代位权的行使应同时符合下列条件。

(1)债权人对债务人的债权合法。

(2)债务人怠于行使其到期债权对债权人造成损害。

(3)债务人的债权已到期。

(4)债务人的债权不是专属于债务人的自身的债权。

2.撤销权

撤销权自债权人知道或者应当知道撤销事由之日起一年内行使。自债务人的行为发生之日起五年内没有行使撤销权的,该撤销权消灭。

六、合同的变更和转让

(一)合同的变更

合同的变更是指合同成立后,当事人在原合同的基础上对合同的内容进行修改或者补充。

1.合同变更的条件

(1)原合同关系的有效存在。

(2)当事人双方协商一致,不损害国家及社会公共利益。

(3)合同内容发生变更。

(4)须遵循法定形式。

2.合同变更的规则

合同变更的规则如图2-2所示。

规则一　变更合同内容，无论客观原因如何，必须经过双方当事人协商一致，否则变更不能成立

规则二　法律、法规规定，变更合同应当办理批准、登记等手续的，只有获得该批准手续的或完成该手续后，变更合同权利义务关系方能取得相应的法律效力

规则三　当事人对合同变更的内容约定不明确的，推定未变更，当事人按原合同的规定履行合同，任何一方不得要求对方履行变更中约定不明确的内容

图2-2　合同变更的规则

（二）合同的转让

合同的转让，是指在合同依法成立后，改变合同主体的法律行为。即合同当事人一方依法将其合同债权和债务全部或部分转让给第三方的行为。具体分为三种。

（1）合同权利的转让，通知义务。

（2）合同义务的转让，须经债权人同意。

（3）合同权利和义务的全部转让，须经对方同意。

七、合同的终止

合同的终止，又称合同权利义务的终止或者合同的消灭，是指合同关系在客观上不复存在，合同权利和合同义务归于消灭的法律现象。

（一）合同权利义务终止的事由

合同权利义务终止的事由主要包括六个方面，具体见表2-1。

表2-1　合同权利义务终止的事由

序号	事由	具体说明
1	清偿	清偿是按照合同的约定实现债权目的的行为。《合同法》第九十二条的规定，债务已按约定履行。即此处所谓的清偿。清偿以全面清偿为原则。清偿合同债务的人为清偿人，清偿人可以是债务人，也可以是第三人。清偿债务的费用，除法律有特别规定或当事人有约定之外，由债务人负担
2	解除	解除包括单方解除和双方解除，单方解除指当事人一方通过行使解除权而使合同归于消灭的意思表示，双方解除指双方协议消灭原有的合同。解除还包括约定解除和法定解除

续表

序号	事由	具体说明
3	抵销	抵销，是指二人互负债务时，各以其债权充当债务之清偿，而使其债务与对方的债务在对等额内相互消灭。提出抵销的债权，为主动债权；被抵销的债权，为被动债权。抵销根据其产生原因不同，有法定抵销和合意抵销之分
4	提存	提存，是指由于债权人的原因而无法向其交付合同标的物时，债务人将该标的物交给提存部门保存以消灭合同权利义务的法律制度。按照《提存公证规则》的规定，我国公证机关可以负责办理提存事务
5	免除	免除，即债权人抛弃债权从而消灭合同关系的意思表示
6	混同	混同，是指债权人和债务人同归于一人，致使合同关系消灭的法律事实

在以上事由出现时，均会导致合同关系消灭。

（二）合同解除

1.合同解除的形式

合同解除的形式有两种，如图2-3所示。

图2-3　合同解除的形式

2.违约责任的一般规定

违约责任是指当事人不履行合同义务或履行合同义务不符合约定时所应承担的法律责任。

3.承担违约责任的条件

除了不可抗力可以免责的外，我国合同法上采取的是无过错责任原则。

4.承担违约责任的方式

承担违约责任的方式有五种，如图2-4所示。

5.免责情形

（1）不可抗力：指不能预见、不能避免并不能克服的客观情况。

（2）免除条款。

（3）法律的特殊规定。

| 方式一 | 继续履行 |

当事人一方未支付价款或者报酬的,对方可以要求其支付价款或者报酬。当事人一方不履行非金钱债务或者履行非金钱债务不符合约定的,对方可以要求履行

| 方式二 | 采取补救措施 |

质量不符合约定的,应按照当事人的约定承担违约责任。对违约责任没有约定或约定不明,当事人可协议补充或按合同有关条款或交易习惯确定;仍不能确定的,受损害方根据标的的性质及损失的大小,可以合理选择要求对方承担修理、更换、重作、退货、减少价款或者报酬等违约责任

| 方式三 | 赔偿损失 |

当事人一方不履行合同义务或者履行合同义务不符合约定的,在履行义务或者采取补救措施后,对方还有其他损失的,应当赔偿损失

| 方式四 | 支付违约金 |

违约金,是指合同当事人一方由于不履行合同或者履行合同不符合约定时,按照合同的约定,向对方支付的一定数额的货币
约定的违约金低于造成的损失的,当事人可以请求人民法院或者仲裁机构予以增加;约定的违约金过分高于造成的损失的,当事人可以请求人民法院或者仲裁机构予以适当减少
当事人就迟延履行约定违约金的,违约方支付违约金后,还应当履行债务

| 方式五 | 给付或者双倍返还定金 |

定金是合同当事人约定一方在合同订立时或在合同履行前预先给付对方一定数量的金钱,以保障合同债权实现的一种担保方式
(1)定金罚则:给付定金方不履行合同的:无权请求返还定金;接受定金方不履行合同的:双倍返还定金。书面形式订立并实际交付定金
(2)定金的限制:不超过主合同标的20%;既约定违约金,又约定定金的,可选一项

图2-4 承担违约责任的方式

特别提示

（1）合同法中所称不可抗力，是指不能预见、不能避免并不能克服的客观情况。如地震、水灾等客观情况。

（2）不可抗力的免除责任的范围应根据不可抗力对合同履行债务的影响而确定，致使合同全部完全不能履行的，全都免责；致使合同部分不能履行的，部分免责；致使合同不能及时履行的，免除其迟延履行的责任。

（3）当事人迟延履行后发生不可抗力的，不能免除债务不履行的责任。

（4）当事人因遭遇不可抗力不能履行合同的，应及时通知对方，并在合理期限内提供不可抗力影响证明。未尽通知义务而给对方造成损失的，应承担责任。

八、合同签订的风险防范法律常识

（一）签订前对合作对象的审查（调查）

签订合同前充分了解合作对象的基本情况，有助于在签订合同的时候，在供货及付款条件上采取相应的对策，避免风险的发生，具体的审查内容如图2-5所示。

| 内容一 | 了解合作方的基本情况，保留其营业执照复印件 |

如果合作方是个人，应详细记录其身份证号码、家庭住址、电话。了解这些信息有利于我方更好地履行合同，同时，当出现纠纷时，有利于我方的诉讼和法院的执行

| 内容二 | 审查合作方有无签约资格 |

我国法律对某些行业的从业资格做了限制性规定，没有从业资格的单位和个人不得从事特定的业务，如果我方与没有资格的主体签订此类合同将给我方带来经济损失（无效合同的处理方法：《合同法》第五十八条，合同无效，因该合同取得的财产，应当予以返还；不能返还或者没有必要返还的应当折价补偿。有过错的一方应当赔偿对方因此所受的损失，双方都有过错的，应当各自承担相应的责任）

| 内容三 | 调查合作方的商业信誉和履约能力 |

尽可能对合作方进行实地考察，或者委托专业调查机构对其资信情况进行调查

图2-5　签订前对合作对象的审查内容

（二）合同各主要条款的审查

一切合同都应当采取书面的形式订立。订立合同时，要力争做到用词准确，表达清楚，约定明确，避免产生歧义。对于重要的合同条款，要仔细斟酌，最好是参考一些标准文本并结合交易的实际情况进行增删，对于重要的合同应请专业律师审查以防患于未然。对合同条款的审查，不仅要审查文字的表述，还要审查条款的实质内容。

1. 规格条款

对于多规格产品尤其要注意。在与客户协商的时候，要对各型号产品的具体规格做出说明，同时详细了解客户的需要。避免供需之间出现差错。

2. 质量标准条款

根据我方的产品质量情况明确约定质量标准，并约定质量异议提出的期限。同时应认真审查合同中约定的标准和客户的需求是否一致。《合同法》第五条的规定，当事人对合同条款有争议的，应当按照合同所使用的词句，合同的条款，合同的目的，交易习惯以及诚实信用原则，确定该条款的真实意思。

3. 包装条款

对于购货方提出的特殊包装方法应当引起足够的重视。

4. 交付方式条款（送货条款）

如果货物送往本地，当明确约定送货地点，这关系到纠纷处理时法院的管辖；如果货物送往外地，则尽量不要写明，而应争取约定由本地法院管辖。此外，合同中应列明收货方的经办人的姓名。这样做的目的是防止经办人离开后，对方不承认收货的事实，给诉讼中的举证带来困难。施工企业人员的变动较为频繁，当对方更换新的经办人时，应当要求对方提供授权委托书。

5. 付款条款

应明确约定付款的时间。模棱两可的约定会给合作方找到拖延付款的理由。以下付款时间的表述就有不足之处：

（1）甲方收到货物后付款；应更正为"甲方收到货物后____日内付款。"

（2）检验合格后付款；应更正为"检验合格后____日内付款"。

6. 违约责任条款

如果合同由合作方草拟，则应当注意审查有无不平等的违约责任条款和加重我方责任的违约责任条款。

7. 争议处理条款

（1）约定诉讼管辖地。诉讼管辖地的约定要明确。约定管辖的法院应依照《中华人民共和国民事诉讼法》（以下简称《民事诉讼法》）第二十三条到二十七条的规定，只有五个地方的法院可供当事人协议管辖：原告所在地；被告所在

地；合同签订地；合同履行地；标的物所在地。但是不得违反专属管辖和级别管辖的规定。约定管辖常见的错误包括以下4种。

① 表述不清楚，容易产生歧义，如："如果发生争议，可由双方各所在地法院管辖"。

② 约定由上述五个地方以外的法院管辖。

③ 约定违反了级别管辖的规定，如普通案件约定由某地中级人民法院管辖。

④ 约定违反了专属管辖的规定。

（2）如果采用仲裁的方式，仲裁条款要明确约定某一个仲裁机构，而且该仲裁机构必须客观存在，否则将导致条款无效。

我国仲裁机构设立的原则：《中华人民共和国仲裁法》（以下简称《仲裁法》）第十条的规定，仲裁委员会可以在直辖市和省、自治区人民政府所在地的市设立，也可以根据需要在其他设区的市设立，不按行政区划层层设立。从此可以看出，县一级人民政府所在地是不设立仲裁机构的。

（三）签订合同时的注意事项

（1）合作方应加盖其单位的公章。或者合作方的经办人应提供加盖了其单位公章的签约授权委托书。

对方的授权委托书应该由我方保存，以便在发生纠纷时作为证据。如果对方是加盖分公司、部门的印章或者是部门经理、业务人员等都需要明确的授权委托书。

（2）加盖的公章应清晰可辨。

（3）合同文本经过修改的，应由双方在修改过的地方盖章确认。

（4）争取取得合作方的营业执照复印件。

（四）担保合同

为了防范风险，在与合作方签订合同的时候，应尽量取得对方提供的担保。关于担保合同应注意以下几个问题：

1. 担保合同的当事人

担保人不一定是本合同的一方当事人，在保证担保合同中，担保人只能是本合同以外的第三人。

2. 可以用于提供担保的财产

依照《中华人民共和国担保法》（以下简称《担保法》）第三十七条的规定，下列财产不得抵押。

（1）土地所有权。

（2）耕地、宅基地、自留地、自留山等集体所有的土地使用权（担保法关于该款有除外规定）。

（3）学校、幼儿园、医院等以公益为目的的事业单位、社会团体的教育设施、医疗卫生设施和其他社会公益设施。

（4）所有权、使用权不明或者有争议的财产。

（5）依法被查封、扣押、监管的财产。

（6）依法不得抵押的其他财产。

特别提示

我国法律对某些财产的抵押规定必须经过登记合同才能生效，如土地使用权，城市房地产，乡（镇）、村企业厂房等建筑物，林木，航空器，船舶，车辆，企业的设备和其他动产。

3. 不可以作为保证担保的保证人

国家机关，学校医院等以公益为目的的事业单位社会团体，以及企业法人分支机构职能部门，不得为保证人。但是，企业法人的分支机构有法人的书面授权的，可以在授权的范围内提供保证。

4. 定金条款

定金条款的要求主要有两点，如图2-6所示。

| 要求一 | 应明确所缴款项的性质是"定金" |

定金条款应写明"定金"字样，最高院关于适用《担保法》若干问题的司法解释第一百一十八条的规定，当事人交付留置金、担保金、保证金、订约金、押金或者订金等，但没有约定定金性质的，当事人主张定金权利的，人民法院不予支持

| 要求二 | 定金不得超过主合同标的额的百分之二十 |

《担保法》第九十一条的规定，定金不得超过主合同标的额的百分之二十；本法第八十九条也作出了规定，给付定金的一方不履行约定的债务的，无权要求返还定金；收受定金的一方不履行约定的债务的，应当双倍返还定金。对于超过百分之二十的部分，可以作为预付款，可以要求返还。但不具备定金的性质

图2-6　定金条款的要求

（五）签订以后

（1）将其复印件交由履行部门存查，保证依约履行。

（2）及时归档保管，以免丢失。

（3）公司应当制订合同管理制度，对合同进行规范管理。

九、合同履行中风险防范法律常识

合同的履行过程会有许多不能确定的因素，双方可能会对合同进行变更；一方可能会违约；可能会因不可抗力而导致合同不能履行等。作为产销一体化的企业，我方在送货的时候，必须由合同中注明的经办人签收货物，或者由经对方书面授权的其他人签收。实践中，履行过程的风险更多的是来自对方的履约情况和在履行过程中相关证据的缺失。

（一）接收支票时应注意的事项

在接受支票时应加强对支票的审查。支票付款的情况下，有可能是购货方用别的单位的支票支付货款。实践中，只要支票是真实有效的，一般都可以接受。接收支票当时应重点审查以下内容，避免银行退票带来的麻烦和损失。

（1）收款人名称是否正确。

（2）书写是否清楚，字迹是否潦草。

（3）大小写的金额是否一致。

（4）大写数字是否正确。例如，"参"和"叁"，哪一个是数字"3"的正确的汉字大写？一般的银行对于这两个字不会特别注意，但是实践中有过因此字书写错误而遭退票的案例，应尽量避免这种错误。

（5）印鉴（公章和法定代表人印章）是否清晰。

（6）如果是经过背书的支票，应审查背书是否连续。

（7）有无伪造、变造的痕迹。

（二）出具收据和接收收据时的注意事项

经营过程中如果对方要求先出发票并挂账，应当让对方出具收条，并一定要在收据中注明"以上款项未付"。这样做，该张收据就同时具有欠款确认书的作用。对于其他的收据也应将有利的相关信息都包含进去。

（三）出现纠纷时的处理方法

应本着友好协商的态度来处理问题，这样有利于我方收集到有利的证据。一旦起了冲突和争执，对方往往采取不合作的态度。从而使事情陷入僵局。

签订还款协议应注意以下事项。

（1）在协议中应当写明对方承认的欠款数额。

（2）还款的具体时间。

（3）回避双方还有争议的其他事项。

（4）约定如果首次还款期满仍不依约还款，则视为全部到期。

（5）约定如果对方不依约付款，则由我方所在地法院管辖。

（6）应加盖欠款单位的公章。

（四）履行风险的防范手段

遇到法定条件或者合作方违约可能损害到我方利益的情况时，可以采取中止履行和解除合同的方法来保护我方的权益。

1.中止履行的条件

《合同法》第六十八条的规定，有确切证据证明对方有下列情况之一的，可以中止履行。

（1）经营状况严重恶化。

（2）转移财产、抽逃资金，以逃避债务。

（3）丧失商业信誉。

（4）有丧失或者可能丧失履行债务能力的其他情形。

特别提示 ▶▶▶

对于分批送货分批付款方式，如果对方某批货款没有如期支付时应予以充分的重视，如果继续送货，可能会受到更大的损失。当然，是否中止合同的履行应视具体情况而定，不能一概而论。

2.解除合同的条件

《合同法》第九十四条的规定，有下列情形之一的，当事人可以解除合同。

（1）因不可抗力致使不能实现合同目的。

（2）在履行期限届满之前，当事人一方明确表示或者以自己的行为表明不履行主要债务。

（3）当事人一方迟延履行主要债务，经催告后在合理期限内仍未履行。

（4）当事人一方迟延履行债务或者有其他违约行为致使不能实现合同目的。

（5）法律规定的其他情形。

侯律师说法

经典案例

甲公司与乙公司于2014年7月3日签订一份空调购销合同，约定甲公司向乙公司购进100台空调，每台空调单价2000元，乙公司负责代办托运，甲公司于货到后立即付款。乙公司于7月18日在火车站发出了该100台空调。甲公司由于发生资金周转困难，于7月19日传真告知乙公司自己将不能履行合同。乙公司收到传真后，努力寻找新的买家，于7月22日与丙公司签订了该100台空调的购销合同。乙公司同时于当日传真通知甲公司解除与甲公司签订的合同。

乙公司在与甲公司的合同履行期届满前解除合同的理由是什么？在此解除合同的情形下，乙公司能否向甲公司主张违约责任？

案例评析

乙公司在与甲公司的合同履行期届满前解除合同的理由是甲公司预期违约。在此解除合同的情形下，乙公司可以向甲公司主张违约责任。

根据《合同法》第94条第二款规定："在履行期限届满之前，当事人一方明确表示或者以自己的行为表明不履行主要债务。"这种情形是预期违约。这将导致合同履行成为不必要，实际履行不会给对方带来利益，在这种情况下，则可以解除合同。

本案中，甲公司由于发生资金周转困难，传真告知乙公司自己将不能履行合同，故乙公司在与甲公司的合同履行期届满前解除合同的理由是预期违约。《合同法》第97条规定："合同解除后，尚未履行的，终止履行；已经履行的，根据履行情况和合同性质，当事人可以要求赔偿损失。"因此，此时乙公司仍可以向甲公司主张违约责任。

第三章

税务法的法律常识

　　依法纳税是每个企业和公民应尽的义务，学习和了解国家税收政策和有关规定对于确保合法经营和企业正常业务的开展具有十分重要的意义。

一、税收的概念

税收是指以国家为主体,为实现国家职能,凭借政治权力,按照法定标准,无偿取得财政收入的一种特定分配形式。税收收入是国家财政收入的最主要来源。

税收具有组织收入、调节经济、维护国家政权和国家利益等方面的作用。

二、税收的类别和税种

目前,我国征税主要分为五大类,十七个税种,如图3-1所示。

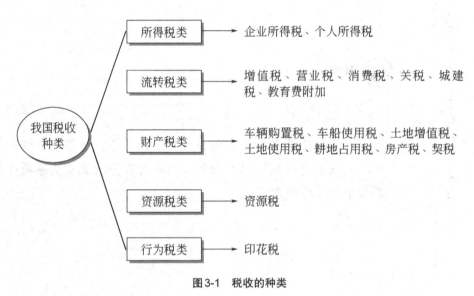

图3-1 税收的种类

(一)个人所得税

个人所得税是对在中国境内有住所,或者无住所而在中国境内居住满一年的个人,从中国境内和境外取得所得的,以及在中国境内无住所又不居住或者无住所而在境内居住不满一年的个人,从中国境内取得所得征收的一种税。自2011年9月1日起,中国内地个税免征额调至3500元。

1.个人所得税的征税项目及税务率

(1)个人所得税的税率见表3-1。

表3-1 个人所得税的税率

序号	应税项目	税率（累进、比例20%）	扣除标准
1	工资、薪金所得	七级超额累进税率	月扣除3500元（或4800元）
2	个体工商户生产、经营所得	五级超额累进税率	每一纳税年度的收入总额减除成本、费用以及损失
3	对企事业单位承包经营、承租经营所得	五级超额累进税率	每一纳税年度的收入总额，减除必要费用（每月3500元）
4	劳务报酬所得	20%，但有加成征收规定一次取得的劳务报酬应纳税所得额20000元以上加成征收，即20000元至50000元，税率30%；50000元以上，税率40%	每次收入≤4000元：定额扣800元 每次收入＞4000元：定率扣20%
5	稿酬所得	20%〖特殊〗按应纳税额减征30%	
6	特许权使用费所得	20%	
7	财产租赁所得	20%〖特殊〗出租居民住用房适用10%的税率	
8	财产转让所得	20%	收入额减除财产原值和合理费用
9	利息、股息、红利所得	20%〖特殊〗储蓄存款在2007年8月15日后孳生的利息所得适用5%的税率；2008年10月9日起免税	无费用扣除，以每次收入为应纳税所得额
10	偶然所得	20%	
11	其他所得	20%	

（2）工资、薪金所得适用个人所得税累进税率见表3-2。

表3-2 工资、薪金所得适用个人所得税累进税率

级数/全月应纳税所得额		税率/%	速算扣除数
1	不超过1500元	3	0
2	超过1500元至4500元	10	105
3	超过4500元至9000元	20	555
4	超过9000元至35000元	25	1005
5	超过35000元至55000元	30	2755
6	超过55000元至80000元	35	5505
7	超过80000元	45	13505

(3) 个体工商户的生产、经营所得个人所得税累进税率见表3-3。

表3-3　个体工商户的生产、经营所得个人所得税累进税率

级数/全年应纳税所得额		全年应纳税所得额税率/%	速算扣除数
1	不超过15000元的	5	0
2	超过15000元至30000元的部分	10	750
3	超过30000元至60000元的部分	20	3750
4	超过60000元至100000元的部分	30	9750
5	超过100000元的部分	35	14750

2.个人所得税纳税期限

(1) 每月应纳的税款，都应当在次月15日内缴入国库。

(2) 个体工商户的生产经营所得应纳的税款，按年计算，分月预缴，由纳税义务人在次月15日内预缴，年度终了后3个月内汇算清缴，多退少补。

(3) 从中国境外取得所得的纳税义务人，应当在年度终了后30日内，将应纳税款缴入国库，并向税务机关报送纳税申报表。

（二）企业所得税

企业所得税是指对中华人民共和国境内的企业（居民企业及非居民企业）和其他取得收入的组织以其生产经营所得为课税对象所征收的一种所得税。

1.税率

按照现行《企业所得税法》的规定，企业所得税税率为25%，符合条件的小型微利企业，经主管税务机关批准，企业所得税税率减为20%。

2.征收方式

企业所得税的征收方式，分为两种：一是查账征收；二是核定征收。具体如图3-2所示。

方式一　查账征收

查账征收的，应交企业所得税=应纳税所得额×适用税率(25%)计算缴纳

应纳税所得额=收入-成本（费用）-税金+营业外收入-营业外支出＋(-)纳税调整额

方式二　核定征收

核定征收的，应交企业所得税=应税收入额×所得率×适用税率

图3-2　企业所得税的征收方式

（三）增值税

增值税是对销售货物或者提供加工、修理修配劳务以及进口货物的单位和个人就其实现的增值额征收的一个税种。

1.增值税的征税范围

增值税的征税范围包括销售（包括进口）货物、提供加工及修理修配劳务、提供应税服务，具体见表3-4。

表3-4　增值税的征税范围

应税范围	目录	子目
销售货物、进口货物		
加工、修理修配劳务	加工劳务	
	修理、修配劳务	
部分现代服务业	研发和技术服务	包括研发服务、技术转让服务、技术咨询服务、合同能源管理服务、工程勘察勘探服务
	信息技术服务	包括软件服务、电路设计及测试服务、信息系统服务、业务流程管理服务
	文化创意服务	包括设计服务、商标著作权转让服务、知识产权服务、广告服务、会议展览服务
	物流辅助服务	包括航空服务、港口码头服务、货运客运场站服务、打捞救助服务、货物运输代理服务、代理报关服务、仓储服务、装卸搬运服务
	有形动产租赁服务	包括有形动产融资租赁、有形动产经营性租赁
	鉴证咨询服务	包括认证、鉴证、咨询服务
	广播影视服务	包括广播影视节目（作品）制作服务、发行、播映服务
交通运输业	包括陆路运输服务、水路运输服务、航空运输服务、管道运输服务、铁路运输服务	
邮政通信业	包括邮政业、电信业	

2.增值税的税率和征税率

根据确定增值税税率的基本原则，我国增值税设置了一挡基本税率和一挡低税率，此外还有对出口货物实施的零税率。营业税改增值税的改革试点，还增设了11%、6%的低税率。具体见表3-5。

表3-5 增值税的税率和征税率

税率和征收率		基本规定
税率	基本税率 17%	（1）纳税人销售或者进口货物，除使用低税率和零税率的外，税率为17% （2）纳税人提供加工、修理修配劳务（以下称应税劳务），税率为17% （3）有形动产租赁服务适用17%的税率
	低税率13%	（1）农业产品、食用植物油 （2）自来水、暖气、冷气、热水、煤气、石油液化气、天然气、沼气、居民用煤炭制品 （3）图书、报纸、杂志 （4）饲料、化肥、农药、农机、农膜 （5）国务院规定的其他货物：音像制品、电子出版物、食用盐、二甲醚
	试点低税率 11%和6%	（1）交通运输业服务业、邮政业、基础电信业11% （2）其他部分现代服务业服务、电信业增值服务适用6%的税率
	零税率	纳税人出口货物，税率为零；但是，国务院另有规定的除外
征收率		（1）增值税一般纳税人在特殊情况下也会适用4%、6%的征收率 （2）增值税小规模纳税人适用3%的征收率

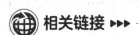

小微企业免征增值税和营业税

2014年9月17日，国务院召开常务会议，决定进一步支持小微企业发展。为落实国务院会议精神，我局会同财政部联合印发了《关于进一步支持小微企业增值税和营业税政策的通知》(财税〔2014〕71号)，明确自2014年10月1日至2015年12月31日，对月销售额2万元至3万元的增值税小规模纳税人和营业税纳税人，免征增值税或营业税。

为便于免征小微企业增值税和营业税政策的贯彻落实，针对按季纳税、兼营不同应税项目、专用发票开具等问题，税务总局发布了《国家税务总局关于小微企业免征增值税和营业税有关问题的公告》，对相关事项进行明确，公告的内容如下：

国家税务总局
关于小微企业免征增值税和营业税有关问题的公告
国家税务总局公告2014年第57号
根据《中华人民共和国增值税暂行条例》及实施细则、《中华人民共和国营业税暂行条例》及实施细则、《财政部国家税务总局关于暂免征收部分小微企业增值税和营业税的通知》(财税〔2013〕52号)、《财政部国家税务总局关于进一步支持小微企业增值税和营业税政策的通知》(财税〔2014〕71号),现将小微企业免征增值税和营业税有关问题公告如下:

一、增值税小规模纳税人和营业税纳税人,月销售额或营业额不超过3万元(含3万元,下同)的,按照上述文件规定免征增值税或营业税。其中,以1个季度为纳税期限的增值税小规模纳税人和营业税纳税人,季度销售额或营业额不超过9万元的,按照上述文件规定免征增值税或营业税。

二、增值税小规模纳税人兼营营业税应税项目的,应当分别核算增值税应税项目的销售额和营业税应税项目的营业额,月销售额不超过3万元(按季纳税9万元)的,免征增值税;月营业额不超过3万元(按季纳税9万元)的,免征营业税。

三、增值税小规模纳税人月销售额不超过3万元(按季纳税9万元)的,当期因代开增值税专用发票(含货物运输业增值税专用发票)已经缴纳的税款,在专用发票全部联次追回或者按规定开具红字专用发票后,可以向主管税务机关申请退还。

四、本公告自2014年10月1日起施行。《国家税务总局关于暂免征收部分小微企业增值税和营业税政策有关问题的公告》(国家税务总局公告2013年第49号)、《国家税务总局关于增值税起征点调整后有关问题的批复》(国税函〔2003〕1396号)同时废止。

特此公告。

国家税务总局
2014年10月11日

(四)营业税

营业税是对在中国境内提供应税劳务、转让无形资产或销售不动产的单位和个人,就其所取得的营业额征收的一种税。

营业税改征增值税(以下简称"营改增"),自2012年1月1日开始在上海试点,历时近三年,范围已经覆盖交通运输业、部分现代服务业、铁路运输、邮政服务业、电信业等行业,到2015年将要全面完成此项改革任务。

2015年3月6日,财政部部长楼继伟在全国"两会"期间答记者问时表示,"营改增"是最伤脑筋的一个问题,2015年按照计划应该完成"营改增"的改革,也就是把生活服务业、金融业、建筑业以及房地产业的营业税全部改成增值税,改革成功的话,意味着自1994年1月1日起开征的营业税,将要退出税收的历史舞台。

1. 营业税的起征点

营业税起征点是指营业税的征税起点，只有大于或等于此营业额的才交营业税。《中华人民共和国营业税暂行条例实施细则》第二十三条第三款修改为："营业税起征点的幅度规定为，按期纳税的，为月营业额5000～20000元；按次纳税的，为每次（日）营业额300～500元。"营业税起征点的适用范围限于个人。

2. 营业税应纳税额的计算

营业税的计税依据为提供应税劳务、转让无形资产或销售不动产取得的全部价款和价外费用（又称营业额）。营业税应纳税额的计算公式见表3-6。

表3-6 营业税应纳税额的计算公式

序号	具体情况	计税公式
1	以收入全额为营业额	应纳营业税＝营业额×税率
2	以收入差额为营业额	应纳营业税＝（收入全额－允许扣除金额）×税率
3	按组成计税价格为营业额	应纳营业税＝组成计税价格×税率 组成计税价格＝营业成本×（1＋成本利润率）÷（1－营业税税率）

（五）消费税

消费税是以消费品的流转额作为课税对象的各种税收的统称。消费税是在对货物普遍征收增值税的基础上，选择少数消费品再征收的一个税种。主要是为了调节产品结构，引导消费方向，保证国家财政收入。

1. 消费税的征收范围

现行消费税的征收范围主要包括：烟，酒及酒精，鞭炮，焰火，化妆品，成品油，贵重首饰及珠宝玉石，高尔夫球及球具，高档手表，游艇，木制一次性筷子，实木地板，汽车轮胎，摩托车，小汽车等税目，有的税目还进一步划分若干子目。

2. 消费税的税率

消费税的税率包括比例税率和定额税率两类。

（1）比例税率：多数应税消费品。

（2）定额税率：成品油、啤酒、黄酒。

（3）复合税率：卷烟和白酒。

消费税的税目及税率见表3-7。

表3-7 消费税的税目及税率

税　目	税　率
一、烟 1.卷烟 （1）甲类卷烟 （2）乙类卷烟 （3）批发环节 2.雪茄烟 3.烟丝	 56%加0.003元/支（生产环节） 36%加0.003元/支（生产环节） 5% 36% 30%
二、酒及酒精 1.白酒 2.黄酒 3.啤酒 （1）甲类啤酒 （2）乙类啤酒 4.其他酒 5.酒精	 20%加0.5元/500克（或者500毫升） 240元/吨 250元/吨 220元/吨 10% 5%
三、化妆品	30%
四、贵重首饰及珠宝玉石 1.金银首饰、铂金首饰和钻石及钻石饰品 2.其他贵重首饰和珠宝玉石	 5% 10%
五、鞭炮、焰火	15%
六、成品油 1.汽油 （1）含铅汽油 （2）无铅汽油 2.柴油 3.航空煤油 4.石脑油 5.溶剂油 6.润滑油 7.燃料油	 1.40元/升 1.00元/升 0.80元/升 0.80元/升 1.00元/升 1.00元/升 1.00元/升 0.80元/升
七、汽车轮胎	3%
八、摩托车 1.汽缸容量（排气量，下同） 250毫升（含250毫升）以下的 2.汽缸容量在250毫升以上的	 3% 10%

续表

税目	税率
九、小汽车 1.乘用车 （1）汽缸容量（排气量，下同）在1.0升（含1.0升）以下的 （2）汽缸容量在1.0升以上至1.5升（含1.5升）的 （3）汽缸容量在1.5升以上至2.0升（含2.0升）的 （4）汽缸容量在2.0升以上至2.5升（含2.5升）的 （5）汽缸容量在2.5升以上至3.0升（含3.0升）的 （6）汽缸容量在3.0升以上至4.0升（含4.0升）的 （7）汽缸容量在4.0升以上的 2.中轻型商用客车	1% 3% 5% 9% 12% 25% 40% 5%
十、高尔夫球及球具	10%
十一、高档手表	20%
十二、游艇	10%
十三、木制一次性筷子	5%
十四、实木地板	5%

3.消费税的纳税环节

消费税只是在消费品生产、流通或消费的某一环节一次性征收，而不是在消费品生产、流通和消费的每一个环节征收。消费税的纳税环节，是应税消费品在流转过程中应当缴纳税款的环节。根据条例规定，具体有图3-3所示的四种情况。

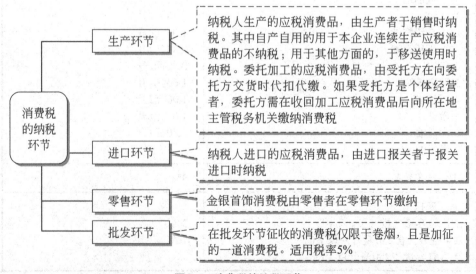

图3-3 消费税的纳税环节

（六）关税

关税是指进出口商品在经过一国关境时，由政府设置的海关向进出口国所征收的税收。

关税的征税基础是关税完税价格。进口货物以海关审定的成交价值为基础的到岸价格为关税完税价格；出口货物以该货物销售与境外的离岸价格减去出口税后，经过海关审查确定的价格为完税价格。

关税应税额的计算公式为：应纳税额＝关税完税价格×适用税率。

（七）城市维护建设税

城市维护建设税，简称城建税，是我国为了加强城市的维护建设，扩大和稳定城市维护建设资金的来源，对有经营收入的单位和个人征收的一个税种。

城市维护建设税，以纳税人实际缴纳的增值税、消费税、营业税税额为计税依据，分别与增值税、消费税、营业税同时缴纳。

城市维护建设税税率见表3-8。

表3-8 城市维护建设税税率

序号	所在区域	税率
1	纳税人所在地在市区的	7%
2	纳税人所在地在县城、镇的	5%
3	纳税人所在地不在市区、县城或镇的	1%

（八）教育费附加

教育费附加是指纳税人交纳的增值税、消费税和营业税附加征收的一种税。

教育费附加以纳税人实际缴纳的增值税、消费税、营业税税额为计税依据，分别与增值税、消费税、营业税同时缴纳。适用费率为3%。

（九）车辆购置税

车辆购置税是对在我国境内购置规定车辆的单位和个人征收的一种税，它由车辆购置附加费演变而来。就其性质而言，属于直接税的范畴。

我国车辆购置税实行1.6升以上车辆为车辆购置价格（不含税）的10%，1.6升及以下车辆为车辆购置价格（不含税）的7.5%。

（十）车船使用税

车船使用税是对在中华人民共和国境内，车辆、船舶（以下简称车船）的所有人或者管理人，按照其种类（如机动车辆、非机动车辆、载人汽车、载货汽车等)、吨位和规定的税额计算征收的一种使用行为税。

关于车船税的税率，国家定了一个范围，具体征收由地方政府自定，但是不能超出范围。企业在计算车船税率时要查询所在地政府的规定，具体见表3-9。

表3-9 车船税税目税额表

序号	税目		计量单位	年基准税额	备注
1	乘用车[按发动机汽缸容量（排气量）分档]	1.0升（含）以下的	每辆	60元至360元	核定载客人数9人（含）以下
		1.0升以上至1.6升（含）的		300元至540元	
		1.6升以上至2.0升（含）的		360元至660元	
		2.0升以上至2.5升（含）的		660元至1200元	
		2.5升以上至3.0升（含）的		1200元至2400元	
		3.0升以上至4.0升（含）的		2400元至3600元	
		4.0升以上的		3600元至5400元	
2	商用车客车		每辆	480元至1440元	核定载客人数9人以上，包括电车
3	商用车货车		整备质量每吨	16元至120元	包括半挂牵引车、三轮汽车和低速载货汽车等
4	挂车		整备质量每吨	按照货车税额的50%计算	
5	其他车辆专用作业车		整备质量每吨	16元至120元	不包括拖拉机
6	其他车辆轮式专用机械车		整备质量每吨	16元至120元	不包括拖拉机
7	摩托车		每辆	36元至180元	
8	船舶机动船舶		净吨位每吨	3元至6元	拖船、非机动驳船分别按照机动船舶税额的50%计算
9	船舶游艇		艇身长度每米	600元至2000元	

（十一）土地增值税

土地增值税是对土地使用权转让及出售建筑物时所产生的价格增值量征收的税种。土地价格增值额是指转让房地产取得的收入减除规定的房地产开发成本、费用等支出后的余额。

土地增值税是以转让房地产取得的收入,减除法定扣除项目金额后的增值额作为计税依据,并按照四级超率累进税率进行征收,具体见表3-10。

表3-10 土地增值税税率表

级数	计税依据	适用税率	速算扣除率
1	增值额未超过扣除项目金额50%的部分	30%	0
2	增值额超过扣除项目金额50%、未超过扣除项目金额100%的部分	40%	5%
3	增值额超过扣除项目金额100%、未超过扣除项目金额200%的部分	50%	15%
4	增值额超过扣除项目金额200%的部分	60%	35%

注:房地产企业建设普通住宅出售的,增值额未超过扣除金额20%的,免征土地增值税。

(十二)城镇土地使用税

城镇土地使用税是对城市、县城、建制镇和工矿区内使用国有和集体所有的土地为征收对象的税种。纳税人是通过行政划拨取得土地使用权的单位和个人。

土地使用税是按每年每平方米征收的年税。城镇土地使用税是以开征范围的土地为征税对象,以实际占用的土地面积为计税标准,按规定税额对拥有土地使用权的单位和个人征收的一种行为税。

1.征税范围

城市、县城、建制镇和工矿区内属于国家所有和集体所有的土地。

2.税率

城镇土地使用税的税率见表3-11。

表3-11 城镇土地使用税的税率

序号	地区	税率
1	大城市	1.5~30元/平方米
2	中等城市	1.2~24元/平方米
3	小城市	0.9~18元/平方米
4	县城、建制镇、工矿区	0.6~12元/平方米

(十三)耕地占用税

耕地占用税是对占用耕地建房或者从事其他非农建设为征收对象的税种,属于一次性税收。耕地占用税采用定额税率，其标准取决于人均占有耕地的数量和经济发达程度。

（十四）房产税

房产税是以房屋为征税对象，按房屋的计税余值或租金收入为计税依据，向产权所有人征收的一种财产税。又称房屋税。

1.税率

房产税依照房产原值一次减除10% ~ 30%后的1.2%计征。房屋出租且无法确定房产原值的，按照年租金收入的18%计征城市房地产税。但各地规定略有不同。

2.征税对象

房产税的征税对象是房产。所谓房产，是指有屋面和围护结构，能够遮风避雨，可供人们在其中生产、学习、工作、娱乐、居住或储藏物资的场所。但独立于房屋的建筑物如围墙、暖房、水塔、烟囱、室外游泳池等不属于房产。但室内游泳池属于房产。

由于房地产开发企业开发的商品房在出售前，对房地产开发企业而言是一种产品，因此，对房地产开发企业建造的商品房，在售出前，不征收房产税；但对售出前房地产开发企业已使用或出租、出借的商品房应按规定征收房产税。

3.房产税税目税率

房产税适用于内资企业和个人，房产税的计算依据采用从价计税和从租计税，具体税率见表3-12。

表3-12　房产税税目税率

房产用途	计税依据	税率
经营自用	房产原值一次减除30%后的余额	1.2%
出租房屋	房产租金收入	12%
个人出租	住房房产租金收入	4%
企事业单位、社会团体以及其他组织按市场价格向个人出租用于居住的住房	住房房产租金收入	4%

（十五）契税

契税是以所有权发生转移变动的不动产为征税对象，向产权承受人征收的一种财产税。应缴税范围包括：土地使用权出售、赠与和交换，房屋买卖，房屋赠与，房屋交换等。契税的征税对象具体见表3-13。

表3-13 契税的征税对象

序号	具体情况	是否为契税征税对象	是否为土地增值税征税对象
1	国有土地使用权出让	是	不是
2	土地使用权的转让	是	是
3	房屋买卖	是	是
4	房屋赠与	是	一般不是,非公益赠与是
5	房屋交换	是(等价交换免)	是(个人交换居住用房免)

(十六)资源税

资源税是以开发利用国有资源的单位和个人为纳税人,以重要资源品为课税对象,旨在消除资源条件优劣对纳税人经营所得利益影响的税类。

现行资源税税目,即:原油、天然气、煤炭、其他非金属矿原矿、黑色金属矿原矿、有色金属矿原矿和盐。资源税的税目及税率见表3-14。

表3-14 资源税的税目及税率

序号	税目	征收范围	税率	
1	原油	指专门开采的天然原油,不包括人造石油	销售额的5%~10%	
2	天然气	指专门开采或与原油同时开采的天然气,暂不包括煤矿生产的天然气	销售额的5%~10%	
3	煤炭	指原煤,不包括洗煤、选煤及其他煤炭制品	焦煤	每吨8~20元
			其他煤炭	每吨0.3~5元
4	其他非金属矿原矿	指上列产品和井矿盐以外的非金属矿原矿	普通非金属矿原矿	每吨或者每立方米0.5~20元
			贵重非金属矿原矿	每千克或者每克拉0.5~20元
5	黑色金属矿原矿	指纳税人开采后自用、销售的,用于直接入炉冶炼或作为主产品先入选精矿、制造人工矿、再最终入炉冶炼的金属矿石原矿	2~30元/吨	
6	有色金属矿原矿	指纳税人开采后自用、销售的,用于直接入炉冶炼或作为主产品先入选精矿、制造人工矿、再最终入炉冶炼的金属矿石原矿	稀土矿	每吨0.4~60元
			其他有色金属矿原矿	每吨0.4~30元
7	盐	包括固体盐和液体盐。固体盐是指海盐原盐、湖盐原盐和井矿盐。液体盐(俗称卤水)是指氯化钠含量达到一定浓度的溶液,是用于生产碱和其他产品的原料	固体盐	每吨10~60元
			液体盐	每吨2~10元

（十七）印花税

印花税是以经济活动中签立的各种合同、产权转移书据、营业账簿、权利许可证照等应税凭证文件为对象所征的税。印花税由纳税人按规定应税的比例和定额自行购买并粘贴印花税票，即完成纳税义务。

1. 印花税纳税义务发生时间

账簿起用时；合同（协议）签订时；证照领受时；资本注册时或增加时。

2. 印花税税率表

印花税有13个税目。一般企业常用的印花税及税率见表3-15。

表3-15 印花税税率

序号	征税对象	税率
1	营业账簿	（1）记载资金的账簿，按实收资本与资本公积总额万分之五贴花 （2）其他账簿按件贴花五元贴花
2	购销合同，包括供应、预购、采购、购销结合及协作、调剂、补偿、易货等合同	按购销金额万分之三贴花
3	借款合同：包括银行及其他金融组织和借款	按借款金额万分之零点五贴花
4	财产保险合同，包括财产、责任、保证、信用用等保险合同	按保险费金额千分之一贴花
5	财产租赁合同，包括租赁房屋、船舶、飞机、机动车辆、机械、器具、设备等	按租赁金额千分之一贴花。税额不足一元的按一元贴花

证券交易印花税，是印花税的一部分，根据书立证券交易合同的金额对卖方计征，税率为1‰。

三、税务登记

（一）开业登记

凡法律法规规定的应税收入、应税财产或应税行为的各类纳税人，均应该办理税务登记，扣缴义务人应在发生扣缴义务时，到税务机关领取扣缴税款登记证。

1. 开业登记的对象

（1）领取营业执照从事生产、经营的纳税人：企业，企业在外地设立的分支机构和从事生产、经营的场所，个体工商户，从事生产、经营的事业单位。

（2）不需办理税务登记有：国家机关、个人、经营场所的流动性农村小商贩。

> **特别提示** ▶▶▶
>
> 免税的和享受税收优惠的企业也应当办理。

2.开业登记的时间

（1）从事生产、经营的纳税人，应当自领取营业执照之日起30日内，向生产、经营地或者纳税义务发生地的主管税务机关申报办理税务登记。

（2）从事生产、经营的纳税人外出经营，自其在同一县（市）实际经营或提供劳务之日起，在连续的12个月内累计超过180天的，应当自期满之日起30日内，向生产、经营所在地税务机关申报办理税务登记。

（3）境外企业在中国境内承包建筑、安装、装配、勘探工程和提供劳务的，应当自项目合同或协议签订之日起30日内，向项目所在地税务机关申报办理税务登记，税务机关核发临时税务登记证及副本。

（4）扣缴义务人应当自扣缴义务发生之日起30日内，向所在地的主管税务机关申报办理扣缴税款登记，领取扣缴税款登记证件。

3.办理税务登记应提供证件和资料

工商营业执照、公司章程、法人代表身份证件、组织机构代码证。

4.发证

税务机关应当自收到申报之日起30天内核发税务登记证。

5.办理下列事项必须携带税务登记证

（1）开立银行账户。

（2）领购发票。

（3）申请减税、免税、退税。

（4）申请办理延期申报、延期缴纳税款。

（5）申请开具外出经营活动税收管理证明。

（6）办理停业、歇业。

6.税务登记证管理

（1）实行定期验证和换证制度。

（2）公开悬挂。

（3）遗失时应在15天内以书面方式报告主管税务机关，并登报申明作废。

（二）变更登记

1.变更税务登记的范围及时间要求

（1）适用范围。发生改变名称、改变法定代表人、改变经济性质或经济类型、改变住所和经营地点（不涉及主管税务机关变动的，否则先注销再设立）、改变生产经营或经营方式、增减注册资金（资本）、改变隶属关系、改变生产经营期限、改变或增减银行账号、改变生产经营权属以及改变其他税务登记内容的。

（2）时间要求，基本同开立，30日内。

2. 变更税务登记的程序和方法

（1）先办理工商方面的变更再办理税务变更。

（2）发证：受理30日内审核办理。

税务登记证中内容未发生变更的，税务机关不重新核发税务登记证件。

（三）停业、复业登记

（1）实行定期定额征收方式（个体工商户）的纳税人需要停业的，在停业前应当向税务机关申报办理停业登记。

（2）税务机关应责成申请停业的纳税人结清税款并收回其税务登记证件、发票领购簿和发票。

（3）纳税人应当于恢复生产经营之前，向税务机关提出办理复业登记申请。

（4）纳税人停业期满不能及时恢复生产、经营的，应当在停业期满前向税务机关提出延长停业登记申请，如纳税人停业期满未按期复业又不申请延长停业的，税务机关应当视为已恢复营业，实施正常的税收征收管理。

（5）纳税人在停业期间发生纳税义务的，应当按照税收法律、行政法规的规定申报缴纳税款。

（6）停业期限最长不超过1年。

（四）注销税务登记

注销税务登记应在工商注销后15日内办理，注销的情形包括：

（1）发生解散、破产、撤销以及其他情形，依法终止纳税义务的。

（2）由于改组、分立、合并等原因而被撤销。

（3）资不抵债破产。

（4）因住所、经营地点迁移而涉及改变税务登记机关的，应当在向工商行政管理机关或者其他机关申请办理变更、注销登记前，或者住所、经营地点变动前，持有关证件和资料，向原税务登记机关申报办理注销税务登记，并自注销税务登记之日起30日内向迁达地税务机关申报办理税务登记。

（5）被工商行政管理机关吊销营业执照，应当自营业执照被吊销之日起15日内，向原税务登记机关申报办理注销税务登记。

（6）纳税人依法终止履行纳税义务的其他情形。

> **特别提示** ▶▶▶
>
> 注销税务登记前，向税务机关提交相关证明文件和资料，结清应纳税款、多退（免）税款、滞纳金和罚款，缴销发票、税务登记证件和其他税务证件，经税务机关核准后，办理注销税务登记手续。

（五）外出经营报验登记

（1）从事生产、经营的纳税人到外县（市）进行生产经营的，应当向主管税务机关申请开具外出经营活动税收管理证明，税务登记证副本和《外管证》到经营地办理税务。

（2）按照一地（县、市）一证的原则，核发《外出经营活动税收管理证明》。有效期一般为30天，最长不超过180天。

（3）外出经营活动结束，纳税人应当向经营地税务机关填报《外出经营活动情况申报表》，并按规定结清税款、缴销未使用完的发票。

（六）法律责任

（1）纳税人"未按照规定期限办理"税务登记、变更或注销登记，由税务机关责令限期改正，可以处以2000元以下的罚款；情节严重的，处以2000～10000元的罚款。

（2）纳税人"未按规定使用（转借、涂改、毁损、买卖、伪造）"税务登记证的，处2000～10000元的罚款，情节重的处1万～5万元的罚款。

四、税务发票管理

（一）税务发票的领购

（1）申请领购发票（首次）的单位和个人必须先提出购票申请，提供经办人身份证明、税务登记证件或者其他有关证明、财务印章或者发票专用章的印模。

（2）临时到外地（本省、自治区、直辖市行政区域以外）从事经营活动的单位和个人，应当凭所在地税务机关证明，向经营地税务机关申请领购经营地的发票。

税务机关对外省、自治区、直辖市来本辖区从事临时经营活动的单位和个人申请领购发票的，可以要求其提供保证人或者交纳不超过1万元的保证金，并限期缴销发票。

（二）税务发票的种类

税务发票的种类如图3-4所示。

```
            ┌ 增值税专用发票：①一般纳税人；②四联
            │
            │           ┌ 行业发票：某一个行业        ┐  ①营业税纳税人
            │           │ 商业零售/批发统一发票      │  增值税的小规模纳税人
            │           │ 工业企业产品销售统一发票   ┘  有法定情形的一般纳税人
发票 ───────┤  普通发票 │
            │           │ 专用发票：某一经营项目     ┐          ┌ 存根联
            │           │ 广告费用结算发票            │  ②三联  ┤ 发票联
            │           └ 商品房销售发票             ┘          └ 记账联
            │
            └ 专业发票：火车票、飞机票、客车票、邮票等
```

图3-4 税务发票的种类

1.增值税专用发票（防伪税控系统使用）

增值税专用发票只限于增值税一般纳税人领购使用，增值税小规模纳税人不得领购使用。

出现下列情况之一的不得使用增值税专用发票。

（1）商业零售的烟酒、食品、服饰、鞋帽（不包括劳保用品）、化妆品；另向个人消费者。

（2）销售免税项目货物（国家另有规定的除外）。

（3）其他按规定不准抵扣的货物或者劳务。

2.普通发票

普通发票主要是由营业税纳税人和增值税小规模纳税人使用，增值税一般纳税人在不能开具专用发票的情况下也可使用普通发票。

普通发票中，行业发票适用于某个行业的经营业务，如商业零售统一发票、商业批发统一发票、工业企业产品销售统一发票等；专用发票仅适用于某一经营项目，如广告费用结算发票、商品房销售发票等。

3.专业发票

专业发票是指国有金融、保险企业的存贷、汇兑、转账凭证，保险凭证；国有邮政、电信企业的邮票、邮单、话务、电报收据；国有铁路、国有航空企业和交通部门、国有公路、水上运输企业的客票、货票等。

（三）发票的开具要求

发票的开具要求如图3-5所示。

要求一	单位和个人应在发生经营业务、确认营业收入时，才能开具发票。未发生经营业务一律不准开具发票
要求二	开具发票时，应按号码顺序填开，填写项目齐全、内容真实、字迹清楚、全部联次一次复写或打印，内容完全一致，并在发票联和抵扣联加盖单位财务印章或者发票专用章
要求三	填写发票应当使用中文。民族自治地区可以同时使用当地通用的一种民族文字。外商投资企业和外国企业可以同时使用一种外国文字
要求四	使用电子计算机开具发票，必须报主管税务机关批准，并使用税务机关统一监制的机打发票
要求五	开具发票时限、地点应符合规定
要求六	任何单位和个人不得转借、转让、代开发票。未经税务机关批准，不得拆本使用发票；不得自行扩大专业发票使用范围
要求七	已开具的发票存根联和发票登记簿应当保存5年
要求八	发票遗失的应当于当日书面报告主管税务机关，并登报声明作废（而税务登记证遗失则是15天内报告）

图3-5 发票的开具要求

五、纳税申报

纳税申报是指纳税人、扣缴义务人按照法律、行政法规规定，在申报期限内就纳税事项向税务机关提出书面申报的一种法定手续。没有应纳税款、享有减免税的也应申报。

税法规定的纳税申报方式有以下五种。

（一）自行申报

自行申报是纳税人和扣缴义务人在纳税申报期限内，自行直接到主管税务机关（报税大厅）办理纳税申报手续。这是目前最主要的纳税申报方式。

（二）邮寄申报

邮寄申报是经税务机关批准，纳税人和扣缴义务人使用统一规定的纳税申报特快专递专用信封，通过邮政部门办理交寄手续，并以邮政部门收据作为申报凭据的方式。这种申报方式比较适宜边远地区的纳税人。邮寄申报以寄出地的邮局邮戳日期为实际申报日期。

（三）数据电文申报（网上申报）

数据电文是以税务机关确定的电话语音、电子数据交换和网络传输等电子方式进行纳税申报，要求保存纸质申报资料，并定期报送主管税务机关。

（四）简易申报

简易申报是指实行定期定额的纳税人，经税务机关批准，通过以缴纳税款凭证代替申报或简并征期的一种申报方式。

（五）其他方式

其他方式是指除上述几种申报方式外的符合主管税务机关要求的其他申报方式。

六、税款征收

（一）查账征收

（1）定义：查账征收，是指税务机关对财务健全的纳税人，依据其报送的纳税申报表、财务会计报表和其他有关纳税资料，计算应纳税款，填写缴款书或完税证，由纳税人到银行划解税款的征收方式。

（2）适用范围：适用于经营规模较大、财务会计制度健全、能够如实核算和提供生产经营情况，正确计算应纳税款的纳税人。

（二）查定征收

（1）定义：查定征收，是指对账务资料不全，但能控制其材料、产量或进销货物的纳税单位或个人，由税务机关依据正常条件下的生产能力对其生产的应税产品查定产量、销售额，然后依照税法规定的税率征收的一种税款征收方式。

（2）适用范围：生产经营规模较小、产品零星、税源分散、会计账册不健全的小型厂矿和作坊。

（三）查验征收

（1）定义：查验征收，是指税务机关对纳税人的应税商品、产品，通过查验数量，按市场一般销售单价计算其销售收入，并据以计算应纳税款的一种征收方式。

（2）适用范围：财务制度不健全，生产经营不固定，零星分散、流动性大的税源。

（四）定期定额征收

这种方式适用于生产经营规模小，又确无建账能力，经主管税务机关审核，县级以上（含县级）税务机关批准可以不设置账簿或暂缓建账的小型纳税人。

（五）代扣代缴——个人所得税

代扣代缴是指按照税法规定，负有扣缴税款义务的法定义务人，在向纳税人支付款项时，从所支付的款项中直接扣收税款的方式。

（六）代收代缴——委托加工应税消费品

代收代缴是指负有代收代缴义务的法定义务人，对纳税人应纳的税款进行代收代缴的方式。

（七）委托代征——车船税

委托代征，是指受托单位按照税务机关核发的代征证书的要求，以税务机关的名义向纳税人征收一些零散税款的一种税款征收方式。

（八）其他征收方式

如邮寄申报纳税、自计自填自缴、自报核缴方式等。

七、税收检查及法律责任

（一）税收检查

1. 税收保全措施

（1）税收保全措施须经县级以上税务局（分局）局长批准。

（2）保全措施如下：

① 书面通知纳税人开户银行或者其他金融机构冻结纳税人的相当于应纳税款金额的存款。

② 扣押、查封纳税人的价值相当于应纳税款的商品、货物或者其他财产。

2. 税收强制执行

（1）税收强制执行须经县级以上税务局（分局）局长批准。

（2）执行措施如下：

① 书面通知其开户银行或者其他金融机构从其存款中扣缴税款。

② 扣押、查封、依法拍卖或者变卖其价值相当于应纳税款的商品、货物或者其他财产，以拍卖或者变卖所得抵缴税款。

（3）对纳税人、扣缴义务人、纳税担保人未缴纳的滞纳金同时强制执行。

（4）个人及其所抚养家属维持生活所必需的住房和用品，不在强制执行措施的范围内。（上述条款同样适用于税收保全）税务机关对单价5000元以下的其他生活用品，不采取强制执行措施。

（二）法律责任——行政责任和刑事责任

1.税务违法行政处罚

（1）警告（责令限期改正）。

（2）罚款。

（3）停止出口退税权。

（4）没收财产和违法所得。

（5）收缴未用发票和暂停供应发票。

2.税务违法刑事处罚

税务违法刑事处罚是指享有刑事处罚权的国家机关对违反税收刑事法律规范，依法应当给予刑事处罚的公民、法人或者其他组织给予法律制裁的行为。适用于涉税犯罪的刑罚主要有表3-16所列的四种。

表3-16 税务违法刑事处罚的种类

序号	种类	具体说明
1	拘役	剥夺犯罪分子的短期自由，就近实行改造的刑罚。适用于罪行较轻而又需要关押的犯罪分子。执行期间，犯罪分子每月可以回家1~2天；参加劳动的，可以酌量发给报酬。拘役的期限为15天以上6个月以下
2	判处徒刑	徒刑分为有期徒刑和无期徒刑： （1）有期徒刑是剥夺犯罪分子一定期限的人身自由，实行强制劳动改造的刑罚。有期徒刑的期限，为6个月以上15年以下。由于刑期幅度大，既可适用于较轻的犯罪，也可适用于较重的犯罪。被判处有期徒刑的犯罪分子，有的在监狱执行，有的在其他劳动改造场所执行 （2）无期徒刑是剥夺犯罪分子终身自由，强制劳动改造的刑罚。对于不必判死刑，但判有期徒刑又嫌轻的罪犯，宜判无期徒刑。执行场所主要是监狱
3	罚金	判处犯罪分子向国家缴纳一定数额金钱的刑罚。是一种轻刑，单处罚金一般只适用于轻微犯罪；在主刑后附加并处罚金适用于较重的犯罪。罚金数额应当根据犯罪的具体情节和犯罪分子本人实际经济负担能力决定。罚金执行有四种情况：限期一次缴纳；分期缴纳；强制缴纳；减少或者免除缴纳
4	没收财产	将犯罪分子个人所有财产的一部分或全部强制无偿地收归国家所有的刑罚。是重于罚金的财产刑，主要适应于严重经济犯罪。财产没收一部分还是全部，要根据犯罪性质、犯罪情节的严重程度和案件的具体情况确定

3.税务行政复议

当事人不服税务机关及其工作人员做出的具体行政行为,依法向上一级税务机关(复议机关)提出申请,复议机关经审理对原税务机关具体行政行为依法做出维持、变更、撤销等决定的活动。

税务行政复议的受案范围仅限于税务机关作出的税务具体行政行为。

(1)先议后诉:纳税人在纳税上不服税务机关的情形。

(2)或议或诉:纳税人对税务机关的罚款、保全、强制执行不服的情形。

行政复议对象是上一级行政部门。但对国家税务总局的行政复议只能向其本身。

4.偷、逃、抗税

偷税——通过做假账来实现。

逃税——不通过做假账,而是通过转移、隐匿资产来实现。

抗税——暴力方式。

处罚:税务机关追缴税款、处滞纳金(每天万分之五)罚款(偷、逃:50%～5倍;抗税:1～5倍)。

 侯律师说法

经典案例

何某是个人独资企业的业主。该企业因资金周转困难,到期不能缴纳税款。经申请,税务局批准其延期三个月缴纳。在此期间,税务局得知何某申请出国探亲,办理了签证并预定了机票。对此,税务局会如何处理?

案例评析

《纳税担保试行办法》第三条第(二)款规定,欠缴税款、滞纳金的纳税人或其法定代表人需要出境的,适用纳税担保。因此,税务局可责令何某在出境前提供担保。

第四章

劳动法的法律常识

 引言

　　企业劳动关系的调整是我国劳动法调整的重点内容，在劳动关系中劳动关系的双方当事人，企业一方被称为用人单位，另一方是劳动者。国家对企业内部劳动关系的法律调整主要是通过制订劳动标准、劳动监察及劳动争议处理制度等进行的，目的是保护劳动者合法权益，促使企业依法行使劳动管理制权。

一、劳动保障相关法律法规

劳动保障相关法律法规如下。

(1)《中华人民共和国劳动法》(以下简称《劳动法》)。

(2)《中华人民共和国劳动合同法》(以下简称《劳动合同法》)。

(3)《中华人民共和国就业促进法》(以下简称《就业促进法》)。

(4)《中华人民共和国劳动争议调解仲裁法》(以下简称《劳动争议调解仲裁法》)。

(5)《中华人民共和国劳动合同法实施条例》(以下简称《劳动合同法实施条例》)。

(6)《失业保险条例》。

(7)《工伤保险条例》。

(8)《企业职工患病或非因工负伤医疗期规定》。

(9)《禁止使用童工规定》。

(10)《工资支付暂行规定》。

(11)《劳动和社会保障部关于职工全年月平均工作时间和工资折算问题的通知》。

二、劳动合同的必备条款

劳动合同的必备条款是指法律规定的劳动合同必须具备的内容。在法律规定了必备条款的情况下,如果劳动合同缺少此类条款,劳动合同就不能成立。劳动合同的必备条款如下所述。

(1)企业的名称、住所和法定代表人或者主要负责人。

(2)员工的姓名、住址和居民身份证或者其他有效证件号码。

(3)劳动合同期限。

(4)工作内容。

(5)工作地点。

(6)工作时间。

(7)休息休假。

(8)劳动报酬。

(9)社会保险。

(10)劳动保护。

(11)劳动条件。

(12)职业危害防护。

三、劳动合同的期限

劳动合同期限是指合同的有效时间，它一般始于合同的生效之日，终于合同的终止之时。

（一）劳动合同期限的分类

根据《劳动合同法》规定，劳动合同期限分为固定期限、无固定期限和以完成一定工作任务为期限三种。

（1）固定期限劳动合同，是指用人单位与员工约定合同终止时间的劳动合同。

（2）无固定期限劳动合同，是指用人单位与员工约定无确定终止时间的劳动合同。

（3）以完成一定工作任务为期限的劳动合同，是指用人单位与员工约定以某项工作的完成为合同期限的劳动合同。

（二）如何确定劳动合同期限

合理地确定劳动合同期限，对当事人双方来说，都是至关重要的。确定劳动合同期限除了坚持劳动合同订立的原则外，还要掌握这样两条原则。

（1）有利于企业发展生产的原则。订立劳动合同的期限首先必须从生产实际出发，根据企业生产和工作的需要来确定。

（2）兼顾当事人双方利益的原则。确定劳动合同期限时，不能只强调企业的生产工作需要，也应当兼顾员工个人利益，尊重员工个人意愿。

总之，当事人双方都应当处理好眼前利益和长远利益的关系，合理确定劳动合同的期限。

四、签订劳动合同时的告知义务

《劳动合同法》第八条规定了企业与员工的如实告知义务。所谓如实告知义务，是指在企业招用员工时，企业与员工应将双方的基本情况，如实向对方说明的义务。告知应当以一种合理并且适当的方式进行，要求能够让对方及时知道和了解。

（一）企业的告知义务

企业对员工的如实告知义务，体现在企业招用员工时，应当如实告知员工以下内容。

（1）工作内容。

（2）工作条件。

（3）工作地点。

（4）职业危害。

（5）安全生产状况。

（6）劳动报酬。

以及员工要求了解的其他情况。这些内容是法定的并且无条件的，无论员工是否提出知悉要求，企业都应当主动将上述情况如实向员工说明。

除此以外，对于员工要求了解的其他情况，如企业相关的规章制度，包括企业内部的各种劳动纪律、规定、考勤制度、休假制度、请假制度、处罚制度以及企业内已经签订的集体合同等，企业都应当进行详细的说明。

（二）员工的告知义务

员工的告知义务是附条件的，只有在企业要求了解员工与劳动合同直接相关的基本情况时，员工才有如实说明的义务。员工与劳动合同直接相关的基本情况包括健康状况、知识技能、学历、职业资格、工作经历以及部分与工作有关的员工个人情况，如家庭住址、主要家庭成员构成等。

企业与员工双方都应当如实告知另一方真实的情况，不能欺骗。如果一方向另一方提供虚假信息，将有可能导致劳动合同的无效。如员工向企业提供虚假学历证明；企业未如实告知工作岗位存在患职业病的可能等，都属于《劳动合同法》规定的采取欺诈的手段订立的劳动合同，该劳动合同无效。

五、不能要求员工提供担保及扣押证件

（一）企业违法向员工收取财物的情况

企业违法向员工收取财物的情况主要有两种。

（1）建立劳动关系时收取风险抵押金等项费用，对不交者不与其建立劳动关系，对交者在建立劳动关系后又与其解除劳动关系且不退还风险抵押金等项费用。

（2）建立劳动关系后全员收取风险抵押金等项费用，对不交者予以开除、辞退或者下岗。

因此，无论是在建立劳动关系之前，还是在建立劳动关系之后，只要企业招用员工，即不得要求员工提供担保或以其他名义向员工收取财物。

（二）企业向员工收取财物或者扣押员工证件的法律责任

员工有权拒绝企业以各种形式和名义向自己收取定金、保证金（物）或抵押金（物）。《劳动合同法》第八十四条也规定了向员工收取财物或者扣押员工证件的法律责任。

（1）企业违反《劳动合同法》规定，扣押员工身份证等证件的，由劳动行政部门责令限期退还员工本人；依照有关法律规定给予处罚。

（2）企业违反《劳动合同法》规定，要求员工提供担保、向员工收取财物的，由劳动行政部门责令限期退还员工本人，按每一名员工500元以上2000元以下的标准处以罚款；给员工造成损害的，企业应当承担赔偿责任。

六、必须与劳动者订立无固定期限的劳动合同的情形

根据《劳动合同法》第十四条的规定，有下列情形之一，劳动者提出或者同意续订、订立劳动合同的，除劳动者提出订立固定期限劳动合同外，应当订立无固定期限劳动合同。

（1）劳动者在该用人单位连续工作满10年的。

（2）用人单位初次实行劳动合同制度或者国有企业改制重新订立劳动合同时，劳动者在该用人单位连续工作满10年且距法定退休年龄不足10年的。

（3）连续订立两次固定期限劳动合同，且劳动者没有《劳动合同法》第三十九条和第四十条第一项、第二项规定的情形，续订劳动合同的。连续订立固定期限劳动合同的次数，自《劳动合同法》施行后续订固定期限劳动合同时开始计算。

七、避免签无效劳动合同

无效的劳动合同是指由当事人签订成立而国家不予承认其法律效力的劳动合同。一般合同一旦依法成立，就具有法律约束力，但是无效合同即使成立，也不具有法律约束力，不发生履行效力。

导致劳动合同无效有以下几方面的原因，具体见表4-1。

表4-1 劳动合同无效的原因

序号	原因	表现形式
1	劳动合同因违反国家法律、行政法规的强制性规定而无效	（1）用人单位和员工中的一方或者双方不具备订立劳动合同的法定资格的，如签订劳动合同的员工一方必须是具有劳动权利能力和劳动行为能力的公民，企业与未满十六周年的未成年人订立的劳动合同就是无效的劳动合同（国家另有规定的除外） （2）劳动合同的内容直接违反法律、法规的规定，如员工与矿山企业在劳动合同中约定的劳动保护条件不符合《矿山案例法》的有关规定，他们所订立的劳动合同是无效的 （3）劳动合同因损害国家利益和社会公共利益而无效。《民法通则》第五十八条第五项确立了社会公共利益的原则，违反法律或者社会公共利益的民事行为无效

续表

序号	原因	表现形式
2	订立劳动合同因采取欺诈手段而无效	（1）在没有履行能力的情况下，签订合同。如根据《劳动法》第五十五条的规定，从事特种作业的员工必须经过专门培训并取得特种作业资格。应聘的员工并没有这种资格，提供了假的资格证书 （2）行为人负有义务向他方如实告知某种真实情况而故意不告知的
3	订立劳动合同因采取威胁手段而无效	威胁是指当事人以将要发生的损害或者以直接实施损害相威胁，一方迫使另一方处于恐怖或者其他被胁迫的状态而签订劳动合同，可能涉及生命、身体、财产、名誉、自由、健康等方面
4	用人单位免除自己的法定责任、排除员工的权利的劳动合同无效	劳动合同简单化，法定条款缺失，仅规定员工的义务，有的甚至规定"生老病死都与企业无关"，"用人单位有权根据生产经营变化及员工的工作情况调整其工作岗位，员工必须服从单位的安排"等霸王条款

八、对拒签劳动合同的员工立即终止劳动关系

《劳动合同法实施条例》第二章第五条规定："自用工之日起一个月内，经用人单位书面通知后，劳动者不与用人单位订立书面劳动合同的，用人单位应当书面通知劳动者终止劳动关系，无需向劳动者支付经济补偿，但是应当依法向劳动者支付其实际工作时间的劳动报酬。"

对于用人单位来说，考虑到劳动争议案件中的举证责任分配，为了减少风险及增加工作量，用人单位在与劳动者建立劳动关系之日起一个月内应尽快安排与其签订劳动合同，发现有可能拒签合同情形的劳动者，在满一个月前应立即书面通知终止与其之间的劳动关系。如果已经满一个月的，也要立即书面通知终止劳动关系，但此时需要支付经济补偿金和双倍工资，对于这些没有诚信的劳动者来说他们在今后的工作中一般也会存在这样那样的问题，所以作为用人单位来说立即终止与他们之间的劳动关系虽然会损失一些招聘成本，但是可以避免支付双倍工资及经济补偿金以及减少以后可能出现的更多损失。

用人单位在按这一规定具体操作时需要注意一个细节，就是对于书面终止通知应注意通知送达证据的保存。用人单位在录用员工的时候便让员工在入职声明或员工简历中书面确认接收公司书面文件的送达地址，那么用人单位在终止劳动关系时可以通过快递方式（最好是EMS）邮寄通知并保存邮寄单，证明公司依法终止与拒签劳动合同劳动者之间的劳动关系，可以避免陷入违法解除合同的情形。

另外,企业最好向单位所在劳动部门咨询如何处理,如果有企业咨询过的记录,将来该劳动者向劳动部门投诉时,会减少一些后续麻烦。

九、劳动合同的解除

(一)不得与劳动者解除劳动合同的情形

根据《劳动合同法》第四十二条的规定,劳动者有下列情形之一的,用人单位不得依照《劳动合同法》第四十条、第四十一条的规定与其解除劳动合同。

(1)从事接触职业病危害作业的劳动者未进行离岗前职业健康检查,或者疑似职业病病人在诊断或者医学观察期间的。

(2)在本单位患职业病或者因工负伤并被确认丧失或者部分丧失劳动能力的。

(3)患病或者非因工负伤,在规定的医疗期内的。

(4)女职工在孕期、产期、哺乳期的。

(5)在本单位连续工作满15年,且距法定退休年龄不足5年的。

(6)法律、行政法规规定的其他情形。

(二)用人单位单方解除劳动合同的,应履行什么手续

根据《劳动合同法》第四十三条的规定,用人单位单方解除劳动合同,应当事先将理由通知工会。用人单位违反法律、行政法规规定或者劳动合同约定的,工会有权要求用人单位纠正。用人单位应当研究工会的意见,并将处理结果书面通知工会。

(三)在什么情形下劳动合同终止

根据《劳动合同法》第四十四条的规定,有下列情形之一的,劳动合同终止。

(1)劳动合同期满的。

(2)劳动者开始依法享受基本养老保险待遇的。

(3)劳动者死亡,或者被人民法院宣告死亡或者宣告失踪的。

(4)用人单位被依法宣告破产的。

(5)用人单位被吊销营业执照、责令关闭、撤销或者用人单位决定提前解散的。

(6)法律、行政法规规定的其他情形。

(四)劳动合同是否可以因约定条件出现而终止

根据《劳动合同法》第四十四条的规定,劳动合同终止必须符合该条规定的情形,也就是说,劳动合同不可因约定条件出现而终止。劳动合同中约定劳动合同终止条件的,该条款无效。

十、工资福利制度

工资是用人单位依据国家有关规定或劳动合同的约定，以货币形式直接支付给本单位劳动者的劳动报酬。它包括计时工资、计件工资、加班加点工资、奖金、津贴和补贴以及特殊情况下支付的工资。

（一）工资应多长时间支付一次

工资应当以货币形式按月支付给劳动者本人，实行周、日、小时工资制的，也可以按周、日、小时支付工资。

劳动者本人因故不能领取工资时，可由其亲属或委托人代领。

（二）最低工资

最低工资是指劳动者在法定工作时间内履行了正常劳动义务的前提下，由其所在单位支付的最低劳动报酬。最低工资标准由各省、自治区、直辖市人民政府确定并面向社会公布。由于各地经济发展水平不同，最低工资标准也就不同，即使在同一个省市，各区县标准也不同，而且都要进行定期调整。

用人单位支付给劳动者的工资不得低于当地最低工资标准。

 特别提示 ▶▶▶

> 虽然劳动者从用人单位获得的收入都属于工资范畴，但以下收入不包括在最低工资范围内：延长工作时间的工资报酬，以货币形式支付的住房和伙食补贴，中班、夜班、高温、低温、井下、有毒、有害等特殊工作环境和劳动条件下的津贴，国家法律、法规、规章规定的社会保险福利待遇等。

（三）应如何支付劳动者加班工资

企业在法定工作时间之外安排劳动者加班，须向劳动者额外支付加班费。在工作日延长工作时间的，支付不低于150%的工资报酬；休息日加班又不能安排补休的，支付不低于200%的工资报酬；法定休假日加班的，支付不低于300%的工资报酬。

十一、社会保险制度

在我国现行社会保险包括养老保险、医疗保险、失业保险、工伤保险和生育保险，再加上住房公积金，合并称为"五险一金"。

五险中的养老保险、医疗保险和失业保险由企业和个人共同缴纳，工伤保险和生育保险完全由企业承担，个人不需要缴纳保费。由于社会保险属于强制性与政策性保险，五险是依据法律定的，至于"一金"则不是法定的。

缴费单位申请养老保险参保登记时，应提交书面申请，填报"社会保险登记表"、"参加基本养老保险人员情况表"，并提供以下证件资料。

（1）单位参保申请。

（2）工商营业执照、批准成立证件或其他核准执业证件及其复印件。

（3）组织机构代码证书及其复印件。

（4）税务登记证书（地税）及其复印件（非经营性质的用人单位须提供无证说明）。

（5）法人（雇主）资格证明及身份证复印件。

（6）参保人员基础资料信息表册。

（7）缴费单位与劳动者签订的劳动合同书复印件。

（8）经办机构规定的其他资料。

十二、工作时间和休息休假制度

根据《劳动法》及《国务院关于职工工作时间的规定》《全国年节及纪念日放假办法》等法律、法规的规定，国家实行劳动者每日工作时间不超过8小时、平均每周工作时间不超过40小时的工时制度；用人单位应当保证劳动者每周至少休息一日，并且在元旦、春节、国际劳动节、国庆节和法律、法规规定的其他休假节日，依法安排劳动者休假。用人单位由于生产经营需要，经与工会和劳动者协商后可以延长工作时间，一般每日不得超过1小时；因特殊原因需要延长工作时间的，在保障劳动者身体健康的条件下延长工作时间每日不得超过3小时，但是每月不得超过36小时。

十三、女职工劳动保护的规定

国家对女职工实行特殊劳动保护。凡适合妇女从事劳动的单位，不得拒绝招收女职工。不得在女职工怀孕期、产期、哺乳期降低其基本工资，或者解除劳动合同。对怀孕七个月以上的女职工，不得安排其延长工作时间和夜班劳动。不得安排女职工在哺乳未满一周岁的婴儿期间从事国家规定的第三级体力劳动强度的劳动和哺乳期禁忌从事的其他劳动，不得安排其延长工作时间和夜班劳动。

女职工实施放置（取出）宫内节育器、皮下埋植术、流产术（含药物流产）、引产术、绝育及复通手术的，按规定给予一定的假期。经医疗机构证明患有重度痛经及月经过多的女职工，在月经期间用人单位应当给予一至两天的带薪休息。

用人单位应当建立女职工卫生保健档案，每一至两年对女职工进行一次生殖健康检查，对从事有毒工作的女职工还应当定期进行职业健康检查，检查所需时间视为工作时间。

十四、女职工的产假和哺乳期时间规定

根据《劳动法》《女职工劳动保护规定》等法律、法规的规定,女职工生育享受不少于90天的产假;难产的,增加产假15天;多胞胎生育的,每多生育一个婴儿,增加产假15天。女职工怀孕流产的,其所在单位应当根据医务部门的证明,给予一定时间的产假。哺乳期是女职工哺育未满1周岁婴儿的时间。哺乳期间,女职工所在单位应当在每班劳动时间内给予其两次哺乳时间,每次30分钟。多胞胎生育的,每多哺乳一个婴儿,每次哺乳时间增加30分钟。

十五、国家对未成年工劳动保护的规定

国家对年满16周岁未满18周岁的未成年工,实行特殊劳动保护。对未成年工的使用和特殊保护实行登记备案制度。用人单位录用未成年工的,应当到当地劳动保障部门办理审核备案手续。

不得安排未成年工从事矿山井下、有毒有害、国家规定的第四级体力劳动强度的劳动和其他禁忌从事的劳动。用人单位应按下列要求对未成年工定期进行健康检查。

(1)安排工作岗位前。

(2)工作满一年。

(3)年满18周岁,距前一次体检时间已超过半年。

十六、哪些违法行为劳动保障部门应当依法查处

劳动保障行政部门对下列劳动保障违法行为应当依法查处。

(1)用人单位非法招用未满16周岁未成年人的。

(2)用人单位在招用劳动者时收取保证金、押金等费用或者扣押劳动者证件的。

(3)用人单位不依法签订劳动合同或者违法解除劳动合同的。

(4)用人单位强迫劳动者延长工作时间的。

(5)用人单位克扣或者无故拖欠劳动者工资的。

(6)用人单位拒不支付或者不按标准支付劳动者延长工作时间的工资报酬和节假日加班工资报酬的。

(7)用人单位低于当地最低工资标准支付工资的。

(8)用人单位解除劳动合同后,不按劳动保障法律、法规、规章的规定给予劳动者经济补偿的。

(9)用人单位违反女职工、未成年工、残疾人特殊劳动保护规定的。

(10)用人单位使用应当取得而未取得国家职业资格证书的劳动者从事相应技术工种的。

（11）用人单位不依法参加社会保险的。

（12）职业介绍机构、职业技能培训机构和职业技能考核鉴定机构违反国家有关职业介绍、职业技能培训和职业技能考核鉴定的规定的。

（13）其他违反劳动保障法律、法规、规章的行为。

十七、劳动争议的处理

劳动争议又称劳动纠纷，是劳动者与用人单位因实现劳动权利和履行劳动义务而发生的纠纷。

目前处理劳动争议案件适用的法律法规主要有《中华人民共和国劳动法》《中华人民共和国企业劳动争议处理条例》（国务院117号令）（以下简称《企业劳动争议处理条例》）以及与其相配套的规章和其他规范性文件等。

（一）劳动争议处理机构

我国劳动争议处理机构有劳动争议调解委员会、劳动争议仲裁委员会、人民法院。

（二）劳动争议的解决方式及处理程序

要想解决好劳资纠纷，首先要了解劳资纠纷处理的程序，根据《劳动法》、《企业劳动争议处理条例》和《民事诉讼法》的规定，劳动争议案件（劳资纠纷）的处理程序见表4-2。

表4-2　劳动争议案件（劳资纠纷）的处理程序

序号	程序	具体说明
1	劳资双方协商	劳资纠纷可以说使内部矛盾，一般而言，协商解决是最好的解决途径，这样可以避免纠纷的扩大，对双方都有好处
2	劳动管理部门（劳动站）调解	当双方协商不下时，可提交当地劳动站居间调解，这种调解不具有强制性，必需双方同意才行
3	劳动争议仲裁委员会仲裁	纠纷发生后，在协商、调解均没有效果的情况下，任何一方均可在纠纷发生后60日内提出仲裁申请。仲裁机关立案后应当在2个月内作出裁决，最长不得超过3个月
4	人民法院一审判决	不服仲裁裁决的一方当事人在收到裁决书之日起15日内向所在地人民法院提起诉讼，人民法院应当在3～6个月内做出一审判决
5	二审人民法院终审判决	当事人在收到一审法院判决后不服的，可在15日内向其上级人民法院提出上诉，上诉法院在3～6个月做出终审判决
6	法院强制执行	裁决书或者判决书发生法律效力后，负有义务的一方不履行义务，对方在一年内可以申请人民法院强制执行

一个劳动争议案件,如果要走完上述全部程序,通常需要一年半左右时间,倘若中间还涉及工伤认定等问题,则所花时间更长,工伤赔偿案件最长时间可达到3年6个月。了解劳动争议的处理程序后,在具体操作当中,应注意行使诉讼权利,对裁决、判决不服的,应当在法定期限内起诉或者上诉。

 侯律师说法

经典案例

某建筑工程队低价招用20名学徒工,合同中规定他们每天必须从事高空作业或繁重搬运工作,否则不能结算当月工资。用工当月,工程队因违反安全施工规定造成事故,致使学徒工多人伤亡。有关部门经调查发现这些学徒工均是不满15周岁的边远地区农民子弟。对此,劳动行政部门可以采取的措施有哪些?

案例评析

《劳动法》第十五条规定,禁止用人单位招用未满十六周岁的未成年人。文艺、体育和特种工艺单位招用未满十六周岁的未成年人,必须依照国家有关规定,履行审批手续,并保障其接受义务教育的权利。

《劳动法》第九十四条规定,用人单位非法招用未满十六周岁的未成年人的,由劳动行政部门责令改正,处以罚款;情节严重的,由工商行政管理部门吊销营业执照。

国务院出台的《禁止使用童工规定》第十条规定,童工患病或者受伤的,用人单位应当负责送到医疗机构治疗,并负担治疗期间的全部医疗和生活费用。童工伤残或者死亡的,用人单位由工商行政管理部门吊销营业执照或者由民政部门撤销民办非企业单位登记;用人单位是国家机关、事业单位的,由有关单位依法对直接负责的主管人员和其他直接责任人员给予降级或者撤职的行政处分或者纪律处分;用人单位还应当一次性地对伤残的童工、死亡童工的直系亲属给予赔偿,赔偿金额按照国家工伤保险的有关规定计算。第十一条规定,拐骗童工,强迫童工劳动,使用童工从事高空、井下、放射性、高毒、易燃易爆以及国家规定的第四级体力劳动强度的劳动,使用不满14周岁的童工,或者造成童工死亡或者严重伤残的,依照刑法关于拐卖儿童罪、强迫劳动罪或者其他罪的规定,依法追究刑事责任。

第五章

担保法的法律常识

担保是企业在市场经济条件下的一种常见行为。担保行为越普遍，担保纠纷也就越多，因担保而被拖累以至于企业经营举步维艰的情况也屡见不鲜。因此，作为一个企业老板一定要认真对待并严格控制，担保风险应该引起企业的足够重视。

一、担保的概念

担保是指为确保债权得到清偿而设立的各种法律措施。一般来说，债务人对于自己负担的债务，应当以其全部财产负履行义务，也就是债务人的全部财产为其债务的总担保。

由于债务人可随时增加债务额，又可随时让与财产于他人，债权仍有得不到清偿的危险。债权人为避免这种危险，乃依靠特别担保方法保障债权，也即通常所说的担保。

担保包括人的担保、物的担保及金钱担保三种。人的担保是指保证，物的担保包括抵押、质押、留置，金钱担保是指定金。

二、担保的形式

担保包括保证、抵押、质押、留置、定金五种形式。

（一）保证

保证是指保证人和债权人约定，当债务人不履行债务时，保证人按照约定履行债务或者承担责任的行为。

1.保证的方式

保证分为一般保证和连带责任保证。合同中有约定的从约定，无约定的属于连带保证。具体如图5-1所示。

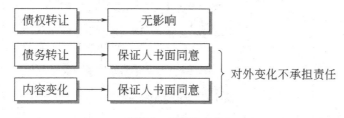

图5-1 保证的方式

2.保证的范围

（1）范围：约定高于法定，否则承担全部责任。

（2）债权、债务及合同变更对保证合同的影响。

3.保证期间

保证期间：约定高于法定。

法定：主债务履行期届满之日起6个月。

4.保证人不承担民事责任的情形

（1）主合同当事人双方串通，骗取保证人提供保证的。

（2）主合同债权人采取欺诈、胁迫等手段，是保证人在违背真实意思的情况下提供保证的。

（二）抵押

抵押是指债务人或第三人不转移对特定财产的占有，将该财产作为债务履行担保，在债务人不履行债务时，债权人依法以该财产变价优先受偿的行为。

1. 抵押财产

抵押财产一般是不动产：土地使用权、房产、地上定着物等，还可以是交通工具和机器设备。禁止抵押的财产如下。

（1）土地所有权、农村专用地使用权。

（2）集体所有的土地使用权一般不能抵押。

（3）学校、幼儿园、医院等以公益为目的的事业单位、社会团体的教育设施、医疗卫生设施和其他社会公益设施。

（4）所有权、使用权不明或者有争议的财产。

（5）依法被查封、扣押、监管的财产。

（6）公益设施、不明财产、无处分权的财产等。

2. 抵押登记

抵押登记的程序如图5-2所示。

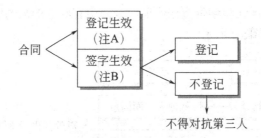

图5-2　抵押登记的程序

（注：A当事人以无地上定着物的土地使用权、以城市房地产或者乡镇、村企业的厂房等建筑物、林木、航空器、船舶、车辆、企业的设备和其他动产抵押的，应当办理抵押物登记，抵押合同自登记之日起生效。

B当事人以其他财产抵押的，可以自愿办理抵押物登记，抵押合同自签订之日起生效。当事人未办理抵押物登记的，不得对抗第三人。当事人办理抵押物登记的，登记部门为抵押人所在地的公证部门。）

3. 抵押的效力

担保的范围：有约定的依照约定，没有约定的，抵押担保的范围包括主债权及利息、违约金、损害赔偿金和实现抵押权的费用。

（三）质押

质押是指债务人或第三人将特定财产交与债权人占有，作为债务履行担保。债务人不履行债务时，债权人有权依法以该财产变价优先受偿。依质押物的不同，质押分为动产质押和权利质押，如图5-3所示。

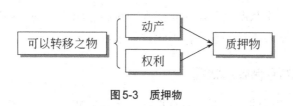

图5-3　质押物

 特别提示 ▶▶▶

担保法规定了某些特定财物的出质必须经登记后生效。

以依法可以转让的股票出质的，出质人与质权人应当订立书面合同，并向证券登记机构办理出质登记，质押合同自登记之日起生效。

以依法可以转让的商标专用权，专利权、著作权中的财产权出质的，出质人与质权人应当订立书面合同，并向其管理部门办理出质登记。质押合同自登记之日起生效。

（四）留置

留置是指债权人按照合同的约定占有债务人的动产，债务人不按合同约定的期限履行债务时，债权人有权扣留该动产，经过一定的宽限期债权仍得不到实现的，债权人依法从该动产变价中优先受尝的一种债权的担保方式。

留置存在于保管合同、运输合同、加工承揽合同等。

（五）定金

定金是合同当事人约定一方在合同订立时或在合同履行前预先给付对方一定数量的金钱，以保障合同债权实现的一种担保方式。

（1）定金罚责：给付一方违约，无权收回定金；收受一方违约，双倍返还定金。

（2）定金条款和违约金条款同时存在时只能选择使用。

（3）定金数额有限制：不得超过合同标的的20%。

三、为别人提供担保应考虑的因素

在别人请求自己担保时,人们最担心的问题就是自己要承担多大的风险。对此,应该考虑以下因素。

(一)被担保人的信用状况

被担保人的信用状况关系着被担保人是否会按照主合同之约定按期适当地履行义务,进而关系着担保人最终是否需要承担担保责任。

(二)担保的主合同的状况

包括主合同的标的、数额、履行期限、履行方式、可能承担的违约责任、主债务人的抗辩权,主合同是否合法有效等因素。这些因素都关系着担保人将来有可能承担多大的保证责任。

(三)是否有其他担保

如果有其他保证人对同一债务提供保证,或者有第三人提供物的担保的,将来需要承担保证责任时,就可以由各担保人按照约定的份额承担担保责任,或者在一个担保人承担担保责任后向其他担保人追偿。

如果有债务人提供的物的担保,那么保证人仅对该物的担保以外的债权承担保证责任。

同一债权既有保证又有物的担保的,物的担保合同被确认无效或者被撤销,或者担保物因不可抗力的原因灭失而没有代位物的,保证人仍应当按合同的约定或者法律的规定承担保证责任。

(四)被担保人能否提供反担保

反担保是指为了换取担保人提供担保,由债务人或第三人向该担保人提供担保,该新设担保相对于原担保被称为反担保。担保人承担保证责任后,可以向被担保人追偿,反担保人对此承担相应担保责任。

四、保证合同的签订

保证人与债权人应当以书面形式订立保证合同。保证人与债权人可以就单个主合同分别订立保证合同,也可以协议在最高债权额限度内就一定期间连续发生的借款合同或者某项商品交易合同订立一个保证合同。

（一）保证合同的内容

保证合同应当包括以下内容。

（1）被保证的主债权种类、数额。

（2）债务人履行债务的期限。

（3）保证的方式。

（4）保证担保的范围。

（5）保证的期间。

（6）双方认为需要约定的其他事项。

（二）签合同应注意的事项

1.要确认主合同是否合法有效

《担保法》第五条的规定，担保合同是主合同的从合同，主合同无效，担保合同无效。担保合同另有约定的，按照约定。

《最高人民法院关于适用〈中华人民共和国担保法〉若干问题的解释》（简称《担保法解释》）第八条规定："主合同无效而导致担保合同无效，担保人无过错的，担保人不承担民事责任；担保人有过错的，担保人承担民事责任的部分，不应超过债务人不能清偿部分的三分之一。"

因此，主合同是否有效，以及担保人是否有过错关系着担保人将来可能承担的责任。

2.保证人是否有提供保证的资格

《担保法》第七条至第十条的规定如下。

（1）具有代为清偿债务能力的法人、其他组织或者公民，可以作保证人。

（2）国家机关不得为保证人，但经国务院批准为使用外国政府或者国际经济组织贷款进行转贷的除外。

（3）学校、幼儿园、医院等以公益为目的的事业单位、社会团体不得为保证人。

（4）企业法人的分支机构、职能部门不得为保证人。

另外，企业法人的分支机构有法人书面授权的，可以在授权范围内提供保证。

3.明确约定保证的方式

主要是指一般保证还是连带责任保证。一般保证的保证人享有先诉抗辩权，较连带责任保证人承担的风险小。

《担保法》第十七条的规定，当事人在保证合同中约定，债务人不能履行债务时，由保证人承担保证责任的，为一般保证。

一般保证的保证人在主合同纠纷未经审判或者仲裁，并就债务人财产依法强制执行仍不能履行债务前,对债权人可以拒绝承担保证责任。

有下列情形之一的,保证人不得行使前款规定的权利。

(1)债务人住所变更,致使债权人要求其履行债务发生重大困难的。

(2)人民法院受理债务人破产案件,中止执行程序的。

(3)保证人以书面形式放弃前款规定的权利的。

《担保法》第十九条的规定,当事人对保证方式没有约定或者约定不明确的,按照连带责任保证承担保证责任。

4.要明确约定保证担保的范围

保证合同可以约定保证人就全部债务或部分债务承担保证责任,以保护保证人的利益。

《担保法》第二十一条的规定,保证担保的范围包括主债权及利息、违约金、损害赔偿金和实现债权的费用。保证合同另有约定的,按照约定。

当事人对保证担保的范围没有约定或者约定不明确的,保证人应当对全部债务承担责任。

5.明确约定主债务的履行期限

主债务的履行期限时债务人是否违约的标准之一,因而关系着保证人是否需要承担保证责任。主债务履行期限届满之日,常常是保证人开始现实地承担保证责任的起点。

6.要明确约定保证期间

保证期间是指保证人承担保证责任的期间。从被担保的主债权人的角度讲,保证期间是指主债权人向债务人或保证人主张权利的时间段,在这段时间内主债权人未向债务人或保证人主张权利,保证人将免除保证责任。保证期间由保证人和主债权人在保证合同中约定。保证合同中没有约定保证期间,或者约定不明的,则根据有关规定依法确定保证期间。

依法确定的保证期间如下。

(1)根据《担保法》第二十五条、第二十六条规定,一般保证和连带责任保证的保证人与债权人未约定保证期间的,保证期间为主债务履行期届满之日起六个月。

(2)根据最高人民法院《关于适用〈中华人民共和国担保法〉若干问题的解释》(以下简称《担保法司法解释》)第三十二条的规定,保证合同约定的保证期间早于或者等于主债务履行期限的,视为没有约定,保证期间为主债务履行期届满之日起六个月。

下面提供一份某企业的保证担保合同,仅供参考。

【实战范本】保证担保合同

保证担保合同

保证人：_____	债权人：_____
法定住址：_____	法定住址：_____
法定代表人：_____	法定代表人：_____
职务：_____	职务：_____
委托代理人：_____	委托代理人：_____
身份证号码：_____	身份证号码：_____
通信地址：_____	通信地址：_____
邮政编码：_____	邮政编码：_____
联系人：_____	联系人：_____
电话：_____	电话：_____
传真：_____	传真：_____
账号：_____	账号：_____
电子信箱：_____	电子信箱：_____
开户金融机构及账号：_____	

为确保____合同（以下称主合同）的履行，在债务人不履行债务时，保证人____愿意按照约定履行债务或者承担责任，债权人经审查，同意接受____作为保证人，双方经协商一致，按以下条款订立本合同。

第一条 保证担保的范围

1.保证担保的范围包括：主债权及利息、债务人应支付的违约金（包括罚息）和损害赔偿金以及实现债权的费用（包括诉讼费、律师费等）。

被保证的主债权种类、数额：_____。

2.合同双方对保证担保的范围没有约定或者约定不明确的，保证人应当对全部债务承担责任。

3.合同双方在保证合同中约定的保证责任范围超过法定的保证责任范围的，对保证合同的效力没有影响，但超过法定保证责任范围的部分没有强制执行的效力。保证人自愿履行的，法律不禁止；保证人在自愿履行后又反悔的，不予支持。

第二条 保证担保方式

1.本合同的保证方式如下。

（1）一般保证。

（2）连带责任保证。

2.本合同当事人对保证方式没有约定或者约定不明确的,按照连带责任保证承担保证责任。

3.保证人对主合同中的债务人的债务承担连带责任,如债务人没有按主合同约定履行或者没有全部履行其债务,债权人有权直接要求保证人承担保证责任。

4.两个以上保证人对同一债务同时或者分别提供保证时,各保证人与债权人没有约定保证份额的,应当认定为连带共同保证。

5.连带共同保证的债务人在主合同规定的债务履行期届满没有履行债务的,债权人可以要求债务人履行债务,也可以要求任何一个保证人承担全部保证责任。

6.连带共同保证的保证人承担保证责任后,向债务人不能追偿的部分,由各连带保证人按其内部约定的比例分担。没有约定的,平均分担。

第三条 保证责任

1.保证期间自本合同生效之日起至主合同履行期限届满之日后____年止。

2.保证期间,债权人依法将主债权转让给第三人的,保证人在原保证担保的范围内继续承担保证责任。

3.保证期间,债权人许可债务人转让债务的,应当取得保证人书面同意,保证人对未经其同意转让的债务,不再承担保证责任。

4.保证期间,主合同的当事人双方协议变更主合同除_____以外的其他内容,应当事先取得本合同保证人的书面同意。未经保证人书面同意的,保证人不再承担保证责任。

5.保证期间,债权人与债务人对主合同数量、价款、币种等内容作了变动,未经保证人同意的,如果减轻债务人的债务的,保证人仍应当对变更后的合同承担保证责任;如果加重债务人的债务的,保证人对加重的部分不承担保证责任。

6.债权人与债务人对主合同履行期限作了变动,未经保证人书面同意的,保证期间为原合同约定的或者法律规定的期间。

7.债权人与债务人协议变动主合同内容,但并未实际履行的,保证人仍应当承担保证责任。

8.在本合同规定的保证期间,债权人未要求保证人承担保证责任的,保证人免除保证责任。

9.同一债权既有保证又有第三人提供物的担保的,债权人可以请求保证人或者物的担保人承担担保责任。当事人对保证担保的范围或者物的担保的范围没有约定或者约定不明的,承担了担保责任的担保人,可以向债务人追偿，也可以要求其他担保人清偿其应当分担的份额。

10.同一债权既有保证又有物的担保的，物的担保合同被确认无效或者被撤销，或者担保物因不可抗力的原因灭失而没有代位物的，保证人仍应当按合同的约定或者法律的规定承担保证责任。

11.债权人在主合同履行期届满后怠于行使担保物权，致使担保物的价值减少或者毁损、灭失的，视为债权人放弃部分或者全部物的担保。保证人在债权人放弃权利的范围内减轻或者免除保证责任。

第四条　保证人权利义务

1.保证期间，保证人发生机构变更、撤销或其他足以影响其保证能力的变故，保证人应提前_____天书面通知债权人，本合同项下的全部义务由变更后的机构承担或由保证人在日之内落实为债权人所接受的新的保证人。

2.保证期间，保证人不得向第三方提供超出其自身负担能力的担保。

3.本合同的主合同既有保证又有物的担保的，保证人对物的担保以外的债权承担保证责任。债权人放弃物的担保的，保证人在债权人放弃权利的范围内免除保证责任。

4.有下列情形之一的，保证人不承担民事责任。

（1）主合同当事人双方串通，骗取保证人提供保证的。

（2）主合同债权人采取欺诈、胁迫等手段，使保证人在违背真实意思的情况下提供保证的。

5.保证人承担保证责任后，有权向债务人追偿。

6.人民法院受理债务人破产案件后，债权人未申报债权的，保证人可以参加破产财产分配，预先行使追偿权。

7.在本合同保证期间内，保证人如再向他人提供担保，不得损害债权人的利益，并须征得债权人的同意。

第五条　债权人权利义务

1.保证期间，债权人有权对保证人的资金和财产状况进行监督，有权要求保证人提供其财务报表等资料，保证人应如实提供。

2.发生下列情况之一，债权人有权要求保证人提前承担保证责任，保证人同意提前承担保证责任。

（1）保证人违反本合同的约定或者发生其他严重违约行为。

（2）主合同履行期间，债务人死亡、宣告失踪或丧失民事行为能力致使债权人债权落空，或者债务人有违约情形等。

3.在订立保证合同之前，债权人有权以债务人提供的保证人不具备清偿能力为由拒绝与其签订保证合同；但保证合同一经订立，保证人是否具有清偿能力并不影响保证合同的有效性。

第六条　保证人违约责任

1.保证人不承担保证责任或者违反本合同约定的其他义务的,应向债权人支付被保证的主合同项下金额____%的违约金,因此给债权人造成经济损失且违约金数额不足以弥补所受损失的,应赔偿债权人的实际经济损失。对上述违约金、赔偿金以及保证人未承担保证责任的金额、利息和其他费用,债权人有权直接用保证人存款账户中的资金予以抵销。

2.债务人与保证人共同欺骗债权人,订立主合同和保证合同的,债权人可以请求人民法院予以撤销。因此给债权人造成损失的,由保证人与债务人承担连带赔偿责任。

第七条　保证人在此向债权人作出以下声明和保证

1.保证人是依照_____法律正式成立及有效存在的_____,具有独立法人地位,能够以其本身名义起诉和应诉及拥有其资产和经营其现在或计划经营的业务。

2.保证人有充分的法定的权利、权力和权限签订本担保书和履行本保证书下的责任。

3.本保证书在主合同生效时同时生效,即对保证人构成合法、有效和具约束力的义务,可以按其条款付诸实施,并可以随时在_____法庭执行。

4.保证人在签署及/或履行本保证书都不会

(1)违反或触犯任何法律或条例、或保证人的章程或成立文件或违反或触犯保证人签订的任何契约或协议或对保证人本身或其任何资产有约束力的文件。

(2)超越保证人保证的权限(不论是受保证人的章程或其他协议所限制的),或超越保证人董事会的权限。

(3)导致或迫使在其本身的任何资产上设置任何抵押。

5.保证人没有拖欠任何应付之其他债务,亦未在保证人已签下的任何契约、信托契约、协议或其他文件中发生或因任何事情的发生和存在而构成任何文件中所定下的违约事件。

6.没有人正在任何法院、裁判所、仲裁处或政府机关对保证人或其资产提出诉讼,此诉讼将会严重影响保证人的财务、业务、资产及其他状况。

7.除法定的优先债务以外,保证人在本保证书下所承担的责任为直接的及无条件的,而其付款责任均在任何时间与其他无抵押的债务享有同等地位。

8.保证人在本保证书签署之日时并未违反任何有关债务履行的协议,或不履行或违反任何其他协议,该等违约会对保证人有不利影响。

(1)保证人已经向债权人充分和准确地披露了其在本保证书签约日时存在的全部实际的重要债务。

（2）保证人向债权人提供的最近审定的年度财务报表已经按照_____法律与条件以及公认的常用会计原则编制妥当。上述财务报表连同其所附记录均真实和清楚地反映了该报表所涉及期间保证人的财务状况，同时自上述财务报表完成后，保证人的营运、业务、资产、债务或（财务或其他）状况未发生实际不利变化。

（3）保证人没有任何未在其最近审定财务报表或其所附记录未予以披露的任何重要债务或任何重要的未实现的损失或预期的损失。

（4）保证人向债权人提供（不论是否遵循本保证书的任何条款而提供）关于保证人的一切资料，均在提供资料的当日为真实的、完全的和准确的。

（5）保证人在本保证书项下的全部应付款项无任何税项引致的扣减或预扣。

第八条　保证人免责范围

1.保证合同约定，债权人转让其债权，保证责任免除的。

2.保证期间，债务人虽然得到债权人许可，将其债务移转第三人，但未经保证人同意。

3.债权人与债务人协议变更主合同，但未经保证人同意（除非当事人有相反的约定外）。

4.在连带责任保证，保证期间届满，债权人未要求保证人承担保证责任的。

5.在同一债权既有保证又有物的担保的情况下，债权人放弃物的担保的，保证人在债权人放弃权利的范围内免责。

第九条　通知

1.根据本合同需要一方向另一方发出的全部通知以及双方的文件往来及与本合同有关的通知和要求等，必须用书面形式，可采用_____（书信、传真、电报、当面送交等）方式传递。以上方式无法送达的，方可采取公告送达的方式。

2.各方通信地址如下：_____。

3.一方变更通知或通信地址，应自变更之日起_____日内，以书面形式通知对方；否则，由未通知方承担由此而引起的相关责任。

第十条　争议的处理

1.本合同受中华人民共和国法律管辖并按其进行解释。

2.本合同在履行过程中发生的争议，由双方当事人协商解决，也可由有关部门调解；协商或调解不成的，按下列第_____种方式解决：

（1）提交_____仲裁委员会仲裁。

（2）依法向人民法院起诉。

第十一条 不可抗力

1.如果本合同任何一方因受不可抗力事件影响而未能履行其在本合同下的全部或部分义务，该义务的履行在不可抗力事件妨碍其履行期间应予中止。

2.声称受到不可抗力事件影响的一方应尽可能在最短的时间内通过书面形式将不可抗力事件的发生通知另一方，并在该不可抗力事件发生后＿＿＿＿＿日内向另一方提供关于此种不可抗力事件及其持续时间的适当证据及合同不能履行或者需要延期履行的书面资料。声称不可抗力事件导致其对本合同的履行在客观上成为不可能或不实际的一方，有责任尽一切合理的努力消除或减轻此等不可抗力事件的影响。

3.不可抗力事件发生时，双方应立即通过友好协商决定如何执行本合同。不可抗力事件或其影响终止或消除后，双方须立即恢复履行各自在本合同项下的各项义务。如不可抗力及其影响无法终止或消除而致使合同任何一方丧失继续履行合同的能力，则双方可协商解除合同或暂时延迟合同的履行，且遭遇不可抗力一方无须为此承担责任。当事人迟延履行后发生不可抗力的，不能免除责任。

4.本合同所称"不可抗力"是指受影响一方不能合理控制的，无法预料或即使可预料到也不可避免且无法克服，并于本合同签订日之后出现的，使该方对本合同全部或部分的履行在客观上成为不可能或不实际的任何事件。此等事件包括但不限于自然灾害如水灾、火灾、旱灾、台风、地震，以及社会事件如战争（不论曾否宣战）、动乱、罢工、政府行为或法律规定等。

第十二条 合同变更解除

本合同有效期内，合同双方任何一方不得擅自变更或解除合同。

第十三条 合同的解释

本合同未尽事宜或条款内容不明确，合同双方当事人可以根据本合同的原则、合同的目的、交易习惯及关联条款的内容，按照通常理解对本合同作出合理解释。该解释具有约束力，除非解释与法律或本合同相抵触。

第十四条 补充与附件

本合同未尽事宜，依照有关法律、法规执行，法律、法规未作规定的，双方可以达成书面补充合同。本合同的附件和补充合同均为本合同不可分割的组成部分，与本合同具有同等的法律效力。

第十五条 保证合同效力

1.本合同的效力独立于被保证的主合同，主合同无效并不影响本合同的效力。

2.保证人（企业法人）的分支机构未经保证人书面授权或者超出授权范围与债权人订立保证合同的，本保证合同无效或者超出授权范围的部分无效，

债权人和保证人有过错的，应当根据其过错各自承担相应的民事责任；债权人无过错的，由保证人承担民事责任。

3.本合同自双方或双方法定代表人或其授权代表人签字并加盖单位公章或合同专用章之日起生效。有效期为_____年，自____年_____月____日至_____年_____月____日。

4.本合同正本一式_____份，双方各执_____份，具有同等法律效力。

保证人（盖章）：_____　　　债权人（盖章）：_____
法定代表人（签字）：_____　　　法定代表人（签字）：_____
委托代理人（签字）：_____　　　委托代理人（签字）：_____
签订地点：_____　　　签订地点：_____
_____年____月____日　　　　　　　　_____年____月____日

五、担保风险的防范

（一）替人担保前要多加权衡

一般来说，为他人提供担保是有一定的原因的。要么是业务单位，要么是亲朋好友的企业，要么是有利可图。为达到既能帮人，又不至于自身利益受损的目的，在为他人担保时以下几点是应当认真权衡的。

1.权衡是否值得担保

你的企业在准备承保时要先详细了解被担保人的经济实力、资产状况、经营能力、履约能力、商业信誉等资信情况，看其是否有能力清偿被保证的债务，千万不能碍于情面而盲目承保。如果有必要，还应该请专业的律师对上述情况进行专业调查与评估。

2.权衡担保方式是否妥当

常见的担保方式主要是保证担保和抵押、质押。如果能用一般保证形式担保，就尽量不要用连带责任保证形式，因为债务人是直接可以要求连带责任保证人承担保证责任的。如果用企业的财产为他人提供抵押或质押担保，那就得认真评估承担担保责任是否可能导致企业自身陷入经营困境。

3.要考虑是否采取反担保措施

反担保可有效降低担保风险，又能促使债务人积极履行义务。如果担保人对承担担保责任后追偿权能否实现把握不准，就应当要求债务人提供反担保。反担保宜采用物的担保，并且要注意反担保人对担保物是否享有完整的权利，若是抵押则应到规定的部门进行登记。

4. 要考虑签订一份严谨的担保合同

严谨的担保合同应该是担保金额确定、担保范围明确、免责条件清楚、合同条款完备、约定事项明确的。企业应当请专业人员把关，签订一份能合理保护自己利益的担保合同。

（二）担保过程中要多加监督

多数担保人担保合同一签就扔一边，对担保对象是否按约履行债务不闻不问，一旦被推上被告席才后悔不迭，但为时已晚。所以，在担保期限内，担保企业要多加监督。

1. 要适时督促债务人按照合同约定用途使用资金，按时履行到期债务

债务人将资金挪作他用，担保人应督促债务人限期纠正。如严重影响资金安全，而债务人又不予以纠正的，担保人应及时通知债权人，与债权人沟通按照主合同的约定提前收回款项或采取约定的其他措施。若涉及债务人分期还款的，担保人应当适时督促债务人每期按期还款，因为这直接关系到担保人承担的风险大小。

2. 要注意债务人是否有刻意规避债务或逃避债务的情况

如果有，应当及时与债权人沟通停止尚未履行的支付行为，并根据合同约定要求债务人提供新的担保或积极协调债权债务双方提前收回款项，尽可能地减少损失。

3. 要注意债务人可能存在的其他风险情况

如在担保期限内债务人的重大债务危机、重大诉讼、重大行政处罚、企业内部的重大变故及可能出现的企业解散、破产等。担保企业应当在出现类似情况时，及时调查债务人的真实财产状况，提前做好追偿的前期准备工作。同时，应当与债权债务双方积极协商处置办法，阻断风险的扩大和延伸。

4. 积极向债权人提供债务人的可执行财产情况

债务到期，债务人没有按约定履行债务，担保人可以积极向债权人提供债务人的可执行财产情况，尽量协调让债权人向债务人主张权利。如果是一般保证担保，保证人向债权人提供了债务人可供执行财产的真实情况后，债权人放弃或者怠于行使权利致使该财产不能被执行，保证人还可以在其提供可供执行财产的实际价值范围内免除保证责任。

（三）后果发生时不要慌张

担保结果发生，就意味着提供担保的企业可能承担担保责任，替债务人偿还尚未履行的债务。但这并不是必然结果，也不意味着担保企业除了承担责任以外就无可作为。相反，担保企业在这个时候应当更加积极主动应对，尽最大努力减

少自己的损失。

1.担保企业应当周密考证有无免除担保责任的可能性

例如，债权人若没有在保证期间内主张权利，保证人就会因此免责；若担保的债务同时还有其他担保，担保企业就有可能因其他担保人的分担而承担更少的损失。当然，如果有法定的免责事由，例如债权债务双方恶意串通骗取担保人担保等，担保企业就可以不承担担保责任。

2.应考虑债务人是否有合同约定或法律规定的不履行债务的正当理由

担保企业应考虑债务人是否有合同约定或法律规定的不履行债务的正当理由，如果债务人有上述理由，担保人当然就可用相同的理由对抗债权人要求承担担保责任的请求，不必着急履行担保责任。

3.担保企业应考虑自己是否有合理的抗辩理由

如果提供的只是一般保证担保，债权人只有在通过诉讼或仲裁并经强制执行，债务人仍不能履行债务时，才能要求保证人承担保证责任。这是法定的理由。企业还要仔细看看合同条款，看是否有合同约定的理由可以合理抗辩。如果有，也就没有必要立即承担担保责任。

4.担保企业应及时行使追偿权

一是担保人承担担保责任后，应积极采取措施尽快向债务人追偿，以减少损失。二是人民法院受理债务人破产案件后，债权人未申报债权的，担保人可以申请参加人民法院对债务人破产分配，预先行使追偿权，以最大限度地保护自身利益。

经典案例

甲公司向乙银行借款100万元，丙、丁以各自房产分别向乙银行设定抵押，戊、己分别向乙银行出具承担全部责任的担保函，承担保证责任。

案例评析

乙银行可以就丙或者丁的房产行使抵押权。《担保法解释》第七十五条第二款规定，同一债权有两个以上抵押人的，当事人对其提供的抵押财产所担保的债权份额或者顺序没有约定或者约定不明的，抵押权人可以就其中任一或者各个财产行使抵押权。本案中，丙、丁对其提供的抵押财产所担保的债权份额和顺序没有约定，构成连带共同抵押。因此，乙银行行使抵押权时无份额和先后顺序的限制。

乙银行可以要求戊或者己承担全部保证责任。《担保法解释》第十九条第一款规定，两个以上保证人对同一债务同时或者分别提供保证时，各保证人与债权人没有约定保证份额的，应当认定为连带共同保证。本案中，保证人戊、己与债权人没有约定保证份额，应当认定为连带共同保证。该法第二十条第一款规定，连带共同保证的债务人在主合同规定的债务履行期届满没有履行债务的，债权人可以要求债务人履行债务，也可以要求任何一个保证人承担全部保证责任。据此可知，乙银行可以要求戊或者己承担全部保证责任。

第六章

知识产权法的法律常识

　　知识产权是对智力成果享有的权利。知识产权包括工业产权和著作权。而工业产权包括专利权与商标权。知识产权法是指调整在创造、利用智力成果和商业标记过程中所产生的各种权利义务关系的法律规范的总称。

一、专利权

专利权,简称专利(Patent),是指专利权人经过申请,对专利局授予的发明或者实用新型或者外观设计依法享有的独占权。它是一种财产权,是运用法律保护手段独占现有市场、抢占潜在市场的有力武器。

中华人民共和国知识产权局是国务院专利行政部门,负责管理全国的专利工作;统一受理和审查专利申请,依法授予专利权。《中华人民共和国专利法》共八章。其中规定了专利权的主体、专利权的客体、专利权的内容、授予专利权的条件、专利权的申请审批程序、专利权的保护措施以及专利代理和有关费用等方面的规定。

(一)专利权的主体与相关人

专利权人是专利权利的所有人,它可以是专利申请人,也可以是专利权利的继受者。

(1)执行本单位的任务或者主要是利用本单位的物质技术条件所完成的发明创造为职务发明创造。职务发明创造申请专利的权利属于该单位;申请被批准后,该单位为专利权人。

(2)非职务发明创造,申请专利的权利属于发明人或者设计人;申请被批准后,该发明人或者设计人为专利权人。

与专利权人有关的其他人有:发明人、设计人和其他利害关系人。利害关系人指专利权的使用人与专利的利益相关的人,如侵权人,提出专利无效或专利强制许可的人。

(二)专利权的客体

中国专利权的客体有发明专利、实用新型专利和外观设计专利,如图6-1所示。

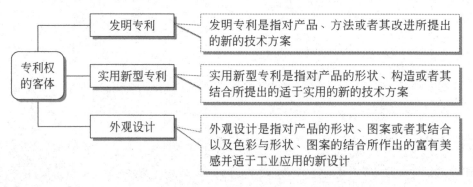

图6-1 专利权的客体

（三）授予专利权的条件

授予专利权的条件包括形式条件和实质条件。

1.形式条件

形式条件是指申请专利的文件应当符合专利法所规定的格式与内容等方面要求。授予专利的形式条件如下。

（1）书面方式申请。

（2）一项发明创造申请一项专利（单一性原则）。

（3）先申请原则。

（4）优先权原则。

（5）充分公开发明创造的内容。

2.专利的实质性条件

专利的实质性条件也被称为专利性条件。包括三个方面，如图6-2所示。

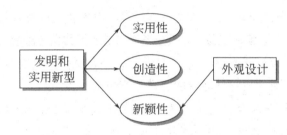

图6-2 专利的实质性条件

（1）新颖性。新颖性是授予发明、实用新型、外观设计专利权的必要条件，但三种专利形式对新颖性的要求有所区别。

对于发明专利和实用新型专利而言，新颖性是指在申请日以前没有同样的发明或者实用新型在国内外出版物上公开发表过、在国内公开使用过或者以其他方式为公众所知，也没有同样的发明或者实用新型由他人向国务院专利行政部门提出过申请并且记载在申请日以后公布的专利申请文件中。

对于外观设计而言，其新颖性是指应当同申请日以前在国内外出版物上公开发表过或者国内公开使用过的外观设计不相同和不相近似，并不得与他人在先取得的合法权利相冲突。

> **特别提示** ▶▶▶
>
> 专利申请前的6个月内，有以下情况之一的不丧失新颖性。
> （1）在中国政府主办或者承认的国际展览会上首次展出的（展览公开）。
> （2）在规定的学术会议或者技术会议上首次发表的（会议公开）。
> （3）他人未经申请人同意而泄露其内容的（非本意公开）。

（2）创造性。创造性是指同申请日以前已有的技术相比，该发明有突出的实质性特点和显著的进步，该实用新型有实质性特点和进步。

（3）实用性。实用性，又称为工业再现性，指申请专利的发明创造可以用于工业生产、重复再现。实用性是指该发明或者实用新型能够制造或者使用，并且能够产生积极效果。

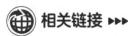 相关链接 ▶▶▶

什么样的发明创造不授予实用新型专利权

中国专利局根据我国专利法的要求规定下列八类发明创造不授予实用新型专利权。

（1）各种方法，产品的用途。

（2）无确定形状的产品，如气态、液态、粉末状、颗粒状的物质或材料。

（3）单纯材料替换的产品，以及用不同工艺生产的同样形状、构造的产品。

（4）不可移动的建筑物。

（5）仅以平面图案设计为特征的产品，如棋、牌等。

（6）由两台或两台以上的仪器或设备组成的系统，如电话网络系统、上下水系统、采暖系统、楼房通风空调系统、数据处理系统、轧钢机、连铸机等。

（7）单纯的线路，如纯电路、电路方框图、气动线路图、液压线路图、逻辑方框图、工作流程图、平面配置图以及实质上仅具有电功能的基本电子电路产品（如放大器、触发器）。

（8）直接作用于人体的电、磁、光、声、放射或其结合的医疗器具。

3. 不授予专利权的发明创造

（1）违反国家法律、社会公德或者妨害公共利益的发明创造，不授予专利权。

（2）科学发现。

（3）智力活动的规则和方法。

（4）疾病的诊断和治疗方法。

（5）动物和植物品种。

（6）用原子核变换方法获得的物质。

以上（2）～（5）项所列产品的生产方法可以授予专利权。

> **相关链接**
>
> **外观设计专利不予保护的一些具体内容是什么**
>
> （1）受地理条件的限制，不能重复再现的固定建筑物、桥梁等。
>
> （2）不能单独出售或使用产品的一部分，如袜跟、帽槽、杯把等。
>
> （3）不能作用于视觉或者肉眼难以判断的物品，如需要借助仪器观察到的集成电路的外观设计。
>
> （4）把自然物原封不动地作为产品的主体设计，如用动物的贝壳或植物的果核原封不动作为产品的主体设计，只是简单地涂上点颜色，或点上两只眼睛的。
>
> （5）不是以物品本身的形状要求保护的外观设计，如手帕本身的形态是四方形的平面产品，若将手帕扎成花或鼠、兔等小动物的形状作为手帕的外观设计要求保护的。
>
> （6）纯属美术范畴的作品。
>
> （7）产品的外观设计是通过光、电、热效应显现的图案。
>
> （8）模仿有名的著作、建筑物、人物肖像的设计，如把徐悲鸿的名画制成壁毯，把糕点盒作成六和塔的形状，或是胶水瓶仿照天坛祈年殿的造型。
>
> （9）在专利产品所属领域内司空见惯的几何形状和图案设计。
>
> （10）一般的文字和数字的字型。

（四）专利的保护期限

（1）我国对发明专利的保护期限是20年。

（2）对实用新型、外观设计的保护期限是10年。

（3）均自申请日起计算。

（五）专利侵权行为及法律责任

专利侵权是指在专利权有效地域和有效期内，未经专利权人许可，实施其专利或假冒其专利的行为，法律另有规定的除外。专利侵权的法律责任有三类。

1. 民事责任

民事责任主要有两种：停止侵权行为，并赔偿损失。其赔偿的数额可按以下任一方式确定。

（1）按照权利人因被侵权所受到的损失计算。

（2）按照侵权人因侵权所获得的利益计算。

（3）参照该专利许可使用费的倍数合理确定。

2.行政责任

行政责任的产生是基于专利权人或利害关系人的请求,由行政部门作出的决定根据专利权人或利害关系人的请求,进行核查,一经查实,可责令侵权人停止侵权行为。对于假冒他人专利的,行政责任是:"责令改正并予公告"、"没收违法所得"、"罚款"等三种。

3.刑事责任

对于假冒他人专利,情节严重的应当以假冒专利罪判处三年以下有期徒刑或者拘役,并处或者单处罚金。情节严重指:

(1)非法经营数额在20万元以上或者违法所得数额在10万元以上的。

(2)给专利权人造成直接经济损失50万元以上的。

(3)假冒两项以上他人专利,非法经营数额在10万元以上或者违法所得数额在5万元以上的。

(4)其他情节严重的情形。

二、商标法律制度

商标,俗称牌子,是生产经营者在其商品或者服务上使用的,由文字、图形、字母、数字、三维标志和颜色组合构成的,具有显著特征、便于识别商品或服务来源的专用标记。

(一)商标构成的要件

我国《商标法》规定,任何能够将自然人、法人或者其他组织的商品与他人的商品区别开的可视性标志,包括文字、图形、字母、数字、三维标志和颜色组合,以及上述要素的组合,均可以作为商标申请注册。

申请注册的商标,应当有显著特征,便于识别,并不得与他人在先取得的合法权利相冲突。商标注册人有权标明"注册商标"或者注册标记。

(二)禁止使用的商标标志

(1)同中华人民共和国的国家名称、国旗、国徽、军旗、勋章相同或者近似的,以及同中央国家机关所在地特定地点的名称或者标志性建筑物的名称、图形相同的。

(2)同外国的国家名称、国旗、国徽、军旗相同或者近似的,但该国政府同意的除外。

(3)同政府间国际组织的名称、旗帜、徽记相同或者近似的,但经该组织同意或者不易误导公众的除外。

(4) 与表明实施控制、予以保证的官方标志、检验印记相同或者近似的，但经授权的除外。

(5) 同"红十字"、"红新月"的名称、标志相同或者近似的。

(6) 带有民族歧视性的。

(7) 夸大宣传并带有欺骗性的。

(8) 有害于社会主义道德风尚或者有其他不良影响的。

（三）注册商标禁用标志

(1) 仅有本商品的通用名称、图形、型号的。

(2) 仅仅直接表示商品的质量、主要原料、功能、用途、重量、数量及其他特点的。

(3) 缺乏显著特征的。

（四）商标注册

1. 商标注册的原则

(1) 自愿注册与强制注册相结合的原则。

(2) 申请在先与使用在先分别适用的原则。

(3) 申请的单一原则：一类商品，一种商标，一份申请。

(4) 优先权原则。

2. 商标注册的程序

《商标法》第三条的规定，经商标局核准注册的商标为注册商标。因此，商标使用人要取得商标专用权，应当通过规定的程序向国家工商总局商标局申请注册。根据《商标法》的规定，商标注册须经图6-3所示的程序。

（五）注册商标的期限和续展、转让和许可

1. 期限

注册商标的期限为10年，从核准注册之日起计算。

2. 续展

期满前6个月，每次续展有效期为10年；未在法定期限内申请的宽限期为6个月。

3. 转让

转让的限制性规定如下。

(1) 共同申请并签订转让协议（程序限制）。

(2) 在同一种或类似商品上注册的相同或近似的商标必须一并转让。

(3) 联合商标必须一并转让。

步骤一　申请

国内申请人可以直接到商标局递交申请，也可以通过商标代理组织提出申请；外国人或外国企业申请商标注册，必须通过商标代理机构。外国人或外国企业是指在中国没有居所或营业所的外国人或外国企业

步骤二　形式审查

形式审查是指审查商标注册申请是否符合法律规定的形式要件和手续，从而确定是否受理该申请。形式审查的内容主要有以下几方面。
(1)申请人的资格。申请人应当属于《中华人民共和国商标法》（以下简称《商标法》）所规定的允许注册的自然人、法人或其他组织。如果是外国人或外国企业，还必须符合《商标法》所规定的特别要求
(2)申请人的文件资料。申请人提交的文件应当齐全，填写内容应当符合规定
(3)缴纳相关费用。申请商标注册应当按照规定缴纳费用，否则商标局不予受理；经形式审查合格的商标注册的申请日期，以商标局收到申请文件的日期为准

步骤三　实质审查

经过形式审查之后，商标局对于决定受理的商标注册申请进行实质审查。实质审查主要集中在三个问题上：即商标是否具有显著特征、是否违反《商标法》的禁用条款、是否与在先权利发生冲突

步骤四　驳回复审

不符合《商标法》规定或者在部分指定商品上使用商标的注册申请不符合规定的，由商标局予以驳回或者驳回在部分指定商品上使用商标的注册申请，书面通知申请人并说明理由。对于商标局驳回其注册申请不服的，申请人可以自收到通知之日起十五日内向国家工商行政管理总局商标评审委员会请求复审，由该委员会做出裁定

步骤五　初审公告及异议

（1）对于经审查认为合格的申请，商标局予以初步审定，并予以公告
（2）任何人认为公告的商标不符合法律的规定，均可在自公告之日起3个月内向商标局提出异议，要求商标局不予核准注册

步骤六　注册

初步审定公告后3个月内无人提出异议或者经裁定异议不成立的，商标局将准予注册，即在《商标注册簿》上予以登记。商标局设置《商标注册簿》，记载注册商标及有关注册事项，包括注册人名义、核定商品等。同时将核准注册的商标刊登《商标公告》并向申请人颁发《商标注册证》，从此该商标即受到法律的保护

图6-3　商标注册的程序

（4）已经许可他人使用的商标不得随意转让。

（5）受让人有保证注册商标商品质量的义务。

4.许可使用

许可使用包括独占使用许可和一般使用许可。

（六）注册商标专用权的保护

注册商标专用权是指商标注册人或者其合法受让人在法定的期限内对注册商标所享有的独占权。

1.商标专用权的权利范围的界定

《商标法》第五十六条规定："注册商标的专用权，以核准注册的商标和核定使用的商品为限。"这是对商标专用权的权利范围的界定，具体表现在图6-4所示的两个方面。

表现一　以核准注册的商标为限

即以登记在《商标注册簿》中的商标图样为准。也就是说，在判定是否构成商标侵权时只能将他人使用的商标与注册商标进行比较，而不是与注册人实际使用的商标进行比较。这就要求注册人在使用商标时要按照注册的图样使用，不要随意改变，否则当他人对其实际使用的商标进行模仿时有可能得不到有效保护。如果商标确需变动，也应将改变后的商标及时申请注册

表现二　以核定使用的商品为限

即以登记在《商标注册簿》中的商品范围为准。注册人的注册商标只能在核定使用的商品上使用，如果超范围使用将有可能构成冒充注册商标的违法行为。但是，商标专用权的保护范围要大于核定的商品范围，扩展到与核定商品类似的商品

图6-4　商标专用权权利范围界定的具体表现

2.商标侵权行为的表现

根据我国《商标法》第五十七条的规定，商标侵权行为主要有以下几种类型。

（1）未经商标注册人的许可，在同一种商品上使用与其注册商标相同的商标的。

（2）未经商标注册人的许可，在同一种商品上使用与其注册商标近似的商标，或者在类似商品上使用与其注册商标相同或者近似的商标，容易导致混淆的。

（3）销售侵犯注册商标专用权的商品的。

（4）伪造、擅自制造他人注册商标标识或者销售伪造、擅自制造的注册商标

标识的。

（5）未经商标注册人同意，更换其注册商标并将该更换商标的商品又投入市场的。

（6）故意为侵犯他人商标专用权行为提供便利条件，帮助他人实施侵犯商标专用权行为的。

（7）给他人的注册商标专用权造成其他损害的。

（七）驰名商标的法律保护

驰名商标是指由商标局认定的在市场上享有较高声誉并为相关公众所熟悉的商标。

驰名商标的认定方式是个案认定，认定机构为商标局和商标评审委员会或人民法院。

1.保护方式

（1）拒绝注册或撤销注册。

（2）禁止作为商标使用。

（3）禁止作为商号登记。

（4）禁止作为域名注册。

2.保护范围

已经注册的实行跨类保护，标志范围延及商标外其他商业标志；未注册的，给予注册商标同样的保护。

3.认定驰名商标考虑的因素

（1）相关公众对该商标的知晓程度。

（2）该商标使用的持续时间。

（3）该商标任何宣传工作的持续时间、程度和范围。

（4）该商标作为驰名商标受保护的记录。

（5）其他因素。

（八）侵犯注册商标专用权行为的查处

1.商标侵权案件的处理机关

根据我国《商标法》第六十条的规定，处理商标侵权案件的机关有工商行政管理机关和人民法院。

2.工商机关查处商标侵权行为时行使的职权

根据《商标法》第六十二条的规定，县级以上工商行政管理部门根据已经取得的违法嫌疑证据或者举报，对涉嫌侵犯他人注册商标专用权的行为进行查处时，可以行使下列职权。

（1）询问有关当事人，调查与侵犯他人注册商标专用权有关的情况。

（2）查阅、复制当事人与侵权活动有关的合同、发票、账簿以及其他有关资料。

（3）对当事人涉嫌从事侵犯他人注册商标专用权活动的场所实施现场检查。

（4）检查与侵权活动有关的物品，对有证据证明是侵犯他人注册商标专用权的物品，可以查封或者扣押。

工商行政管理部门依法行使这些职权时，当事人应当予以协助、配合，不得拒绝、阻挠。

3.工商机关查处商标侵权行为的处罚手段

根据我国《商标法》第六十八条的规定，对于侵犯商标专用权的行为，工商行政管理部门可以采取图6-5所列的措施。

手段一 责令立即停止侵权行为

对于侵权行为人正在进行的侵权活动，工商行政管理部门可以以行政决定的方式要求侵权人停止侵权行为。例如，工商行政管理部门可以要求侵权人停止假冒注册商标的行为，要求侵权人停止销售假冒注册商标的商品，要求侵权人停止伪造、擅自制造他人的注册商标标识，要求停止销售伪造、擅自制造的注册商标标识，收缴并销毁侵权商标等

手段二 没收、销毁侵权商品和专门用于制造侵权商品、伪造注册商标标识的工具

工商行政管理部门可以在不进行任何补偿的情况下将侵权商品和有关侵权工具予以没收，将侵权商品驱逐出流通领域，或者销毁侵权商品和侵权工具，以使侵权人不能再侵权

手段三 处以罚款

工商行政管理机关在采取上述措施的同时，还可以对侵权人处以罚款。《商标法实施条例》第七十一条的规定，违反商标法第四十三条第二款规定的，由工商行政管理部门责令限期改正；逾期不改正的，责令停止销售，拒不停止销售的，处10万元以下的罚款

手段四 移送

《行政处罚法》第七条的规定，违法行为构成犯罪，应当依法追究刑事责任，不得以行政处罚代替刑事处罚。违法行为构成犯罪的，行政机关必须将案件移送司法机关，依法追究刑事责任

由于假冒商标可能构成刑事责任，对侵犯注册商标专用权的行为，涉嫌犯罪的，《商标法》也特别规定工商行政管理部门应当及时移送司法机关依法处理

图6-5 工商机关查处商标侵权行为的处罚手段

三、著作权法律制度

著作权,又称作者权或版权,它是人们对文学、艺术及科学技术的一种专有权利,是对人类智力成果予以法律保护的方式之一。著作权与工业产权共同构成知识产权。

(一)著作权法的保护对象

作品是指在文学、艺术和科学领域内,具有独创性并能以某种有形形式复制的智力创作成果。

以下著作不是著作权法保护的对象。

(1)法律、法规、国家机关的决议、决定、命令和其他具有立法、行政、司法性质的文件,及其官方正式译文。

(2)时事新闻。

(3)历法、通用数表、通用表格和公式。

(4)依法禁止出版、传播的作品。

(二)著作权的权利内容

著作权的权利内容如图6-6所示。

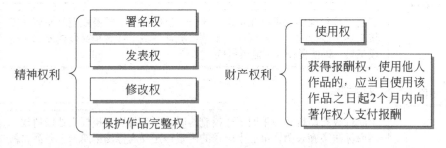

图6-6 著作权的权利内容

(三)著作权的保护期限

(1)作者为公民的期限。保护期为作者有生之年及死亡后50年,截止于作者死亡后第50年的12月31日;如果是合作作品,截止于最后死亡的作者死亡后第50年的12月31日。

(2)作者为法人和其他组织的期限。保护期为50年,截止于作品首次发表后第50年的12月31日;但作品自创作完成后50年内未发表的,著作权法不再保护。

(3)特殊作品的期限。电影作品和以类似摄制电影的方法创作的作品是摄影作品，保护期为50年，截止于作品首次发表后第50年的12月31日；但作品自创作完成后50年内未发表的，著作权法不再保护。

（四）著作权的合理使用

在下列情况下使用作品，可以不经著作权人许可，不向其支付报酬，但应当指明作者姓名、作品名称，并且不得侵犯著作权人依照本法享有的其他权利。

（1）为个人学习、研究或者欣赏，使用他人已经发表的作品。

（2）为介绍、评论某一作品或者说明某一问题，在作品中适当引用他人已经发表的作品。

（3）为报道时事新闻，在报纸、期刊、广播电台、电视台等媒体中不可避免地再现或者引用已经发表的作品。

（4）报纸、期刊、广播电台、电视台等媒体刊登或者播放其他报纸、期刊、广播电台、电视台等媒体已经发表的关于政治、经济、宗教问题的时事性文章，但作者声明不许刊登、播放的除外。

（5）报纸、期刊、广播电台、电视台等媒体刊登或者播放在公众集会上发表的讲话，但作者声明不许刊登、播放的除外。

（6）为学校课堂教学或者科学研究，翻译或者少量复制已经发表的作品，供教学或者科研人员使用，但不得出版发行。

（7）国家机关为执行公务在合理范围内使用已经发表的作品。

（8）图书馆、档案馆、纪念馆、博物馆、美术馆等为陈列或者保存版本的需要，复制本馆收藏的作品。

（9）免费表演已经发表的作品，该表演未向公众收取费用，也未向表演者支付报酬。

（10）对设置或者陈列在室外公共场所的艺术作品进行临摹、绘画、摄影、录像。

（11）将中国公民、法人或者其他组织已经发表的以汉语言文字创作的作品翻译成少数民族语言文字作品在国内出版发行。

（12）将已经发表的作品改成盲文出版。

（五）侵权责任

1.侵犯著作权的民事责任

《著作权法》第四十七条列举了应当承担民事责任的11种侵权行为，侵犯著作权应承担的民事责任：停止侵害、消除影响和公开赔礼道歉、赔偿损失。

（1）未经著作权人许可，发表其作品的。

（2）未经合作作者许可，将与他人合作创作的作品当作自己单独创作的作品发表的。

（3）没有参加创作，为谋取个人名利，在他人作品上署名的。

（4）歪曲、篡改他人作品的。

（5）剽窃他人作品的。

（6）未经著作权人许可，以展览、摄制电影和以类似摄制电影的方法使用作品，或者以改编、翻译、注释等方式使用作品的，本法另有规定的除外。

（7）使用他人作品，应当支付报酬而未支付的。

（8）未经电影作品和以类似摄制电影的方法创作的作品、计算机软件、录音录像制品的著作权人或者与著作权有关的权利人许可，出租其作品或者录音录像制品的，本法另有规定的除外。

（9）未经出版者许可，使用其出版的图书、期刊的版式设计的。

（10）未经表演者许可，从现场直播或者公开传送其现场表演，或者录制其表演的。

（11）其他侵犯著作权以及与著作权有关的权益的行为。

《著作权法》第四十九条规定："侵犯著作权或者与著作权有关的权利的，侵权人应当按照权利人的实际损失给予赔偿；实际损失难以计算的，可以按照侵权人的违法所得给予赔偿。赔偿数额还应当包括权利人为制止侵权行为所支付的合理开支。权利人的实际损失或者侵权人的违法所得不能确定的，由人民法院根据侵权行为的情节，判决给予五十万元以下的赔偿。"

2. 侵犯著作权的行政责任

《著作权法》责令停止侵权行为，没收违法所得，没收、销毁侵权复制品，并可处以罚款；情节严重的，还可以没收主要用于制作侵权复制品的材料、工具、设备等。《商标法实施条例》第七十一条的规定，违反商标法第四十三条第二款规定的，由工商行政管理部门责令限期改正；逾期不改正的，责令停止销售，拒不停止销售的，处10万元以下的罚款

3. 侵犯著作权的刑事责任

（1）侵犯著作权罪。《中华人民共和国刑法》（以下简称《刑法》）第二百一十七条的规定，违法所得数额较大或者有其他严重情节的，处3年以下有期徒刑或者拘役，并处或者单处罚金；违法所得数额巨大或者有其他特别严重情节的，处3年以上7年以下有期徒刑，并处罚金。

（2）销售侵权复制品罪。《刑法》第二百一十八条规定：违法所得数额巨大的，处3年以下有期徒刑或者拘役，并处或者单处罚金。

侯律师说法

经典案例

甲公司指派员工唐某从事新型灯具的研制开发，唐某于2009年3月完成了一种新型灯具的开发。甲公司对该灯具的技术采取了保密措施，并于2010年5月19日申请发明专利。2011年12月1日，国家专利局公布该发明专利申请，并于2012年8月9日授予甲公司专利权。此前，甲公司与乙公司于2010年7月签订专利实施许可合同，约定乙公司使用该灯具专利技术4年，每年许可使用费10万元。

问题一：唐某作为发明人，依法应享有哪些权利？

问题二：甲公司在未获得专利前，与乙公司签订的专利实施许可合同是否有效？如甲乙双方因此合同发生纠纷，应如何适用有关法律？

案例评析

本案中，唐某是职务发明创造的发明人。根据《专利权》第6条规定："职务发明创造申请专利的权利属于该单位；申请被配准后，该单位为专利权人。"《专利法》第16条规定："被授予专利权的单位应当对职务发明创造的发明人或者设计人给予奖励；发明创造专利实施后，根据其推广应用的范围和取得的经济效益，对发明人或者设计人给予合理的报酬。"第17条规定："发明人或者设计人有在专利文件中写明自己是发明人或者设计人的权利。"由此唐某作为发明人，享有署名权、获得奖励权、获得合理报酬权。

《最高人民法院关于审理技术合同纠纷案件适用法律若干问题的解释》第二十九条规定："合同法第三百四十七条规定技术秘密转让合同让与人承担的'保密义务'，不限制其申请专利，但当事人约定让与人不得申请专利的除外。当事人之间就申请专利的技术成果所订立的许可使用合同，专利申请公开以前，适用技术秘密转让合同的有关规定；发明专利申请公开以后、授权以前，参照适用专利实施许可合同的有关规定；授权以后，原合同即为专利实施许可合同，适用专利实施许可合同的有关规定。人民法院不以当事人就已经申请专利但尚未授权的技术订立专利实施许可合同为由，认定合同无效。"故甲公司在未获得专利前，其与乙公司订立的合同有效，适用技术秘密转让合同的有关规定。专利申请公开以后、授权之前，参照适用专利实施许可合同的有关规定；授权之后，适用专利实施许可合同的有关规定。

第七章
招标投标法的法律常识

 引言 ▶▶▶

一个企业任何时候都有可能面临招标、投标的项目，而不管招标还是投标，都要遵循招投标法的规定。而作为企业的老板只有对招投标法有充分的了解，才不至于陷入到违法的境况中。

一、招标与投标的概念

招标与投标是以订立招标采购合同为目的的经济活动,属于订立合同的预备阶段。

招标是指招标人对货物、工程和服务事先公布采购的条件和要求,邀请投标人参加投标的行为。

投标是指投标人按照招标人提出的要求和条件,参加投标竞争的行为。

二、招标的项目

(一)必须招标的项目

(1)大型基础设施、公用事业等关系社会公共利益、公共安全的项目。
(2)全部或者部分使用国有资金投资或者国家融资的项目。
(3)使用国际组织或者外国政府贷款、援助资金的项目。

(二)可选择的项目

凡不属于法律文明规定必须采用招标投标方式交易的方式,当事人可自己决定是否采取招标方式。

三、招标投标活动应当遵循的原则及其行政监督

(一)招标投标活动应当遵循的原则

《招标投标法》第五条规定:"招标投标活动应当遵循公开、公平、公正和诚实信用的原则。"具体说明如图7-1所示。

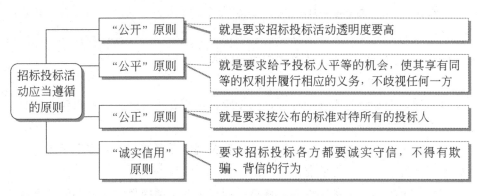

图7-1 招标投标活动应当遵循的原则

（二）招标投标活动的行政监督管理

《招标投标法》第七条的规定，对招标投标的行政监督及有关部门的具体职权划分，由国务院规定。

四、招标投标的方式与程序

（一）招标

1.招标方式

公开招标是指招标人以招标公告的方式邀请不特定的法人或者其他组织投标。它的特点是能保证其竞争的充分性。

邀请招标是指招标人以投标邀请书的方式邀请特定的法人或者其他组织投标。

招标方式的区别见表7-1。

表7-1 招标方式的区别

区别 \ 招标方式	公开招标	邀请招标
发布信息的方式	采用招标公告的方式	采用投标邀请书的形式
选择的范围不同	针对一切潜在的对该项目有兴趣的法人或组织	针对已经了解的法人或其他组织
竞争范围不同	竞争范围广、竞争性体现充分	投标人的数目有限、竞争性比公开招标小
公开程度不同	程序和标准都是公开的	公开程度较公开招标逊色
节省时间和费用	耗时长、费用也较高	可节省发布招标公告和资格预审的费用

2.招标人和招标代理机构

招标人是指依据《招标投标法》的规定提出招标项目、进行招标的法人或者其他组织，自然人按照法律是不能作为招标人的。

按照《招标投标法》第九条的规定：

（1）招标人应当有进行招标项目的相应资金或者资金来源已经落实，并且当在招标文件中如是载明。

（2）招标人提出的招标项目按照国家有关规定需要履行项目审批手续的，应当先履行审批手续，取得批准。

招标代理机构是指依法设立、从事招标代理业务并提供相关服务的社会中介组织。

特别提示 ▶▶▶

招标代理机构应具备的条件：
（1）有从事招标代理业务的营业场所和相应资金。
（2）有能够编制招标文件和组织评标的相应专业力量。
（3）应当具备依法可以作为评标委员会成员人选的技术、经济等方面的专家库。

3. 招标程序

招标程序如图7-2所示。

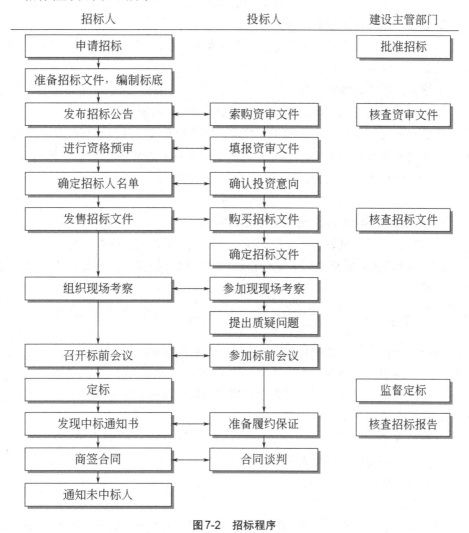

图7-2　招标程序

（二）投标

1.投标人与投标资格

投标人，是指响应招标、参加投标竞争的法人或者其他组织。

《招标投标法》第二十六的规定，投标人应当具备承担招标项目的能力；国家有关规定对投标人资格条件或者招标文件对投标人资格条件有规定的，投标人应当具备规定的资格条件。

2.招标文件的编制

《招标投标法》第二十七的规定：

（1）投标人应当按照招标文件的要求编制投标文件。

（2）投标文件应当对招标文件提出的实质性要求和条件作出响应。

3.涉及中标项目分包的投标文件

《招标投标法》第三十条的规定，投标人应当在载明，以便招标人在评审投标文件时，了解分包情况，决定是否选中该投标人。

4.投标人不得从事的行为

（1）投标人不得相互串通投标或者与招标人串通投标。

串通投标包括：投标人之间相互约定，一致抬高或者压低投标报价；招标人向投标人透露标底或者投标人与招标人商定，在招标投标时压低或者抬高标价，中标后再给投标人或者招标人补偿等行为。

（2）投标人不得以行贿的手段谋取中标。

（3）投标人不得以低于成本的报价竞标。

（4）投标人不得以他人名义投标或其他方式弄虚作假，骗取中标。

《招标投标法》要求中标人应亲自履行合同约定的义务，不得转让或者变相转让中标项目。

（三）开标

开标，是指招标人将所有的投标文件公开启封揭晓。

1.开标的时间和地点

开标的时间，是指招标文件确定的提交投标文件截止的同一时间；开标的地点，是招标文件预先确定的地点。

2.出席开标

招标人应邀请所有投标人参加。

3.开标程序

开标程序如下。

（1）由投标人或者其推选的代表，或者招标人委托的公证机构检查投标文件的密封情况。

（2）拆封所有投标文件并宣读投标文件的主要内容。招标人应记录开标过程并存档备查。

（四）评标

评标是指对符合要求的投标文件，按照规定的标准和方法进行评审，选出最佳投标、确定中标人的过程。

（1）评标委员会是指招标人为具体某一次招投标活动而临时组建的负责评标的机构。

（2）为了保证评标具有良好的工作环境，《招标投标法》第三十八条的规定，招标人应当采取必要的措施，保证评标在严格保密的情况下进行。

（3）《招标投标法》第三十九条的规定，评标委员会可以要求投标人对投标文件中含义不明确的内容做必要的澄清或者说明。以便评标顺利进行。但是投标人的澄清或者说明不得超过投标文件的范围或者改变投标文件的实质性内容。

（4）《招标投标法》第四十一条的规定，中标人的投标应当符合下列条件之一。

① 能够最大限度地满足招标文件中规定的各项综合评价标准。

② 能够满足招标文件的实质性要求并且其投标价格最低。

（5）在招标投标过程中，如果评标委员会在对所有的投标文件进行评价、审查以后，认为所有的投标都不符合招标文件要求的，根据《招标投标法》第四十二条的规定，评标委员会可以否决所有投标。

（五）中标

1.中标通知

中标人确定后，招标人应当向中标人发出中标通知书；中标通知书对招标人和中标人具有法律效力。同时招标人还应中标结果通知所有未中标的投标人。

《招标投标法》第四十六条的规定，招标人和中标人应当自中标通知书发出之日起30日内，按照招标文件和中标人的投标文件订立书面合同。招标人和中标人不得背离合同实质性内容的其他协议。

2.履约保证金

履约保证金是指招标人要求投标人在接到中标通知后提交的保证履行合同各项义务的担保。履约担保金可用保兑支票、银行汇票或现金支票，额度为合同价格的10%。

3.中标人不得转让或变相转让中标项目

中标人不得转让或变相转让中标项目，但可以分包。分包须满足下列的条件。

（1）合同中有允许分包的约定或者分包已经招标人同意。

（2）分包给他人完成的是中标项目的部分非主体、非关键性工作。

（3）接受分包的人应该具备相应的资格条件，并不得再次分包。

五、招标人违法应当承担的法律责任

（一）招标人的民事法律责任

1.招标人承担民事责任的违法行为

（1）招标人向他人透露已获取招标的潜在投标人的名称、数量或者影响公平竞争的有关招标投标的其他情况。

（2）泄露标底，招标人设有标底的，标底必须保密。

（3）依法必须进行招标的项目，招标与投标人就投标价格、投标方案等实质性内容进行谈判的。

（4）招标人在评标委员会依法推荐的中标候选人以外确定中标人的。

（5）依法必须进行招标的项目在所有投标被评标委员会否决后自行确定中标人的。

（6）招标人不按招标文件和中标人的投标文件订立合同的，或者招标人与中标人订立背离合同实质性内容的协议书。

2.招标人承担民事责任的方式

招标人实施上述违法行为的中标无效，招标人应承担中标无效的法律后果，具体如图7-3所示。

方式一	停止违法行为并补救

上述几种违法行为招标人应承担停止违法行为的法律责任，并应按照法律规定作出相应的补救措施。其改正方式主要有：招标人与中标人重新订立合同。招标人在其余投标人中重新确定中标人。招标人应当重新招标

方式二	恢复原状、赔偿损失

中标无效的招标人已与中标人签订书面合同的，合同无效，应当恢复原状，因该合同取得的财产，应当予以返还或者没有必要返还的应当折价补偿。有过错的一方应赔偿对方因此所遭受的损失，双方都有过错的，应当承担各自相应的责任

图7-3 招标人承担民事责任的方式

（二）招标人的行政法律责任

招标人的行政法律责任是指招标人因违反行政法律规范，而依法应当承担的一种法律责任。

1.招标人承担行政法律责任的违法行为

依《招标投标法》第四十九条到第五十三条的规定，招标人承担行政法律责任的违法行为如下。

（1）对必须进行招标的项目而不招标的。

（2）将必须进行招标的项目化整为零或者以其他任何方式规避招标的。

（3）招标人以不合理的条件限制或者排斥潜在投标人的，对潜在投标人实行歧视待遇的。

（4）强制要求投标人组成联合体共同投标的，或者限制投标人之间竞争的。

（5）依法必须进行招标的项目的招标人向他人透露已获取招标文件的潜在投标人的名称、数量或者可能影响公平竞争的有关招标投标的其他情况的。

（6）泄露标底的。

（7）依法必须进行招标的项目，招标人违反规定，与投标人就投标价格、投标方案等实质性内容进行谈判的。

（8）招标人与中标人不按照招标文件和中标人的投标文件订立合同的。

（9）招标人、中标人订立背离合同实质性内容的协议的。

2.招标人承担行政法律责任的方式

对招标人在招标投标过程中的违法行为承担行政法律责任的方式如图7-4所示。

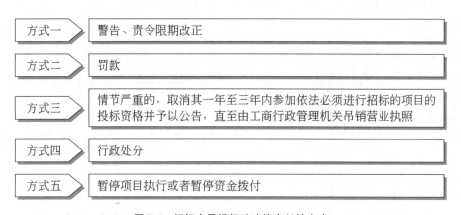

图7-4　招标人承担行政法律责任的方式

（三）招标人的刑事法律责任

招标人的刑事法律责任，是指招标人因实施刑法规定的犯罪行为所应承担的刑事法律后果。刑事法律责任是招标人承担的最严重的一种法律后果。

招标人向他人透露招标文件的重要内容或可能影响公平竞争的有关招标投标的其他情况，如泄露评标专家委员会成员的或是泄露标底并造成重大损失的，招标人构成侵犯商业秘密，处3年以下有期徒刑或者拘役，造成特别严重后果的，处3年以上7年以下有期徒刑，并处罚金。

六、投标人（中标人）违反《招标投标法》的行为及责任

（一）投标人（中标人）违反《招标投标法》的行为

（1）投标人相互串通投标或者与招标人串通投标的，投标人以向招标人或者评标委员会成员行贿的手段谋取中标的（《招标投标法》第五十三条）。

（2）投标人以他人名义投标或者以其他方式弄虚作假，骗取中标的（《招标投标法》第五十四条）。

（3）中标人将中标项目转让给他人的，将中标项目肢解后分别转让给他人的，违反本法规定将中标项目的部分主体、关键性工作分包给他人的，或者分包人再次分包的（《招标投标法》第五十八条）。

（4）中标人不按照招标文件和投标文件订立合同的，或者订立背离合同实质性内容的协议的（《招标投标法》第五十九条）。

（5）中标人不履行与招标人订立的合同的（《招标投标法》第六十条）。

（二）投标人（中标人）违反《招标投标法》的法律责任

投标人（中标人）违反《招标投标法》的法律责任如图7-5所示。

责任一　民事责任
民事责任有合同无效、没收保证金、赔偿损失

责任二　行政责任
行政责任有：责令改正、罚款、没收违法所得、停业整顿、取消投标资格、吊销营业执照

责任三　刑事责任
如果招标人（中标人）违法行为情节严重将触犯《刑法》223条，构成串通投标罪。同时，对直接负责的主管人员和其他直接责任人员可以处单位罚款数额百分之五以上百分之十以下的罚款

图7-5　投标人（中标人）违反《招标投标法》的法律责任

侯律师说法

经典案例

2011年6月16日,某县矿业公司决定对所属的某铁矿进行内部投标,经审查确定19位内部职工有投标资格。投标前,有投标资格的赵某、钱某、孙某、李某、周某、吴某经过多次协商,决定由吴某以30万元多一点的标额中标(正常中标标额应在100万元以上),并由吴某拿出50万元分给赵某、钱某、孙某、李某、周某。在招标过程中,赵某等五人采取辱骂、威胁等方式迫使其他潜在投标人放弃投标,或以低价投标,最终吴某以30.1万元的价格中标。中标后吴某依照事先的约定拿出50万元分给五人。后该案被群众举报到当地检察机关,当地检察机关经调查取证后认定群众的举报属实,遂以该五人为被告向人民法院提起公诉,人民法院在审理该案的过程中就该案的定性产生了意见分歧。第一种意见认为赵某等五人虽有串标行为,但情节不严重,不构成串通招投标罪。第二种意见认为赵某等五人在招投标过程中,主观上以获取非法经济利益为目的(即以非法占有为目的),客观上实施了以暴力或语言相威胁,迫使他人拿出钱财的行为,符合敲诈勒索罪的构成要件,应当认定为敲诈勒索罪。第三种意见认为本案的被告不仅有串通投标行为,而且情节严重,构成串通招投标罪。法院最后采纳了第三种意见,判决赵某等构成串通招投标罪,并给予了相应的处罚。

案例评析

本案涉及串通招投标罪的认定问题。

第一,赵某等人的行为构成串通招投标行为。《招标投标法》第三十二条规定:"投标人不得以相互串通投标报价,不得排挤其他投标人的公平竞争,损害招标人或者其他投标人的合法权益"。本案中赵某等人有不仅主观上有串通投标的故意,而且在客观上多次实施私下串通并决定由吴某以低价中标的行为。这些行为不仅排挤其他投标人的公平竞争,而且损害了作为招标人的某县矿业公司的合法权益,构成了串通投标行为。

第二,赵某等人的行为不构成敲诈勒索罪。敲诈勒索罪是指以非法占有为目的,对被害人实施威胁或者要挟的方法,勒索数额较大的公私财物的行为。敲诈的对象只能是被害人或其近亲属。从本案事实看,虽然被告人也有获取非法经济利益的目的,并实施了一些暴力威胁及要挟手段,但其所针对的并不是被害人或其近亲属,而是其他投标人,且威胁、要挟的直接目的是使其他投标人投低标或弃标，并非向他们索取钱财，因此其行为不符合敲诈勒索罪的构成特征，不能认定为敲诈勒索罪。

第三，赵某等人构成串通招投标罪。根据《招标投标法》第五十三条和《刑法》第二百二十条第一款的规定，串通投标行为只有情节严重的才构成犯罪。在本案中，被告的串通投标行为不仅使某县矿业公司遭受70余万元的可得利益的损失，同时也使其他投标人失去公平竞争的机会，损害了其他投标人的利益。另外由于被告在串通投标过程中使用暴力及以暴力相威胁等恶劣手段，在社会上造成了极坏的影响，所以被告的串通投标行为应认定为情节严重，被告的串通投标行为构成串通招投标罪，依法应受相应的处罚，该县人民法院的判决是正确的。

第八章

安全生产法的法律常识

老板要懂的法律常识 LAOBAN YAODONGDE FALV CHANGSHI

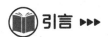

引言 ▶▶▶

　　安全生产是指在社会生产过程中控制和减少职业危害因素，避免和消除劳动场所的风险，保障从事劳动人员和相关人员的人身安全健康以及劳动场所的设备、财产安全。安全生产法律制度，是国家为了实现安全生产而制定的各种法律规范的总称。有关安全生产方面的各种法律、法规及各行业的安全生产法规很多，其中《安全生产法》最重要，也适合各行各业。在此我们主要摘录一部分管理人员必须了解的安全生产法规知识。

一、有关安全生产的法律法规

有关安全生产的法律法规有许多，简要列举如下。
（1）《中华人民共和国安全生产法》（以下简称《安全生产法》）。
（2）《中华人民共和国消防法》（以下简称《消防法》）。
（3）《中华人民共和国职业病防治法》（以下简称《职业病防治法》）。
（4）《工伤保险条例》。
（5）《工厂安全卫生规程》。
（6）《仓库防火安全管理规则》。
（7）《建筑设计防火规范》。
（8）《生产安全事故报告和调查处理条例》。
（9）《安全生产事故隐患排查治理暂行规定》。
（10）《危险化学品安全管理条例》。
（11）《生产设备安全卫生设计总则（GB 5083—1999）》。
（12）《工业企业设计卫生标准GBZ 1—2007》。
（13）《仓库防火安全管理规则》。

二、《安全生产法》

安全生产法是规范生产经营单位在安全生产领域权利义务关系的法律规范的总称。狭义的安全生产法就是《安全生产法》。

《安全生产法》是为了加强安全生产监督管理，防止和减少生产安全事故，保障人民群众生命和财产安全，促进经济发展而制定。

由中华人民共和国第九届全国人民代表大会常务委员会第二十八次会议于2002年6月29日通过公布，自2002年11月1日起施行。

2014年8月31日第十二届全国人民代表大会常务委员会第十次会议通过全国人民代表大会常务委员会关于修改《中华人民共和国安全生产法》的决定，自2014年12月1日起施行。

在中华人民共和国领域内从事生产经营活动的单位（以下统称生产经营单位）的安全生产，适用本法；有关法律、行政法规对消防安全和道路交通安全、铁路交通安全、水上交通安全、民用航空安全另有规定的，适用其规定。

三、安全生产方针

安全生产方针是指政府对安全生产工作总的要求，它是安全生产工作的方向。我国的安全生产方针是"安全第一、预防为主、综合治理"。

（一）安全第一

"安全第一"要求一切生产工作以安全为第一要义，只有在保证安全的前提下才能追求效率等其他目标。如果不能保证安全，就不能从事任何生产活动。

（二）预防为主

"预防为主"要求对一切可能出现的安全事故都要做好预防工作，不能等安全事故发生以后再去采取补救措施，要在事故出现之前采取措施，将一切事故隐患"扼杀在摇篮里"。

（三）综合治理

"综合治理"要求多管齐下，采取事前、事中和事后的各种措施，采取思想教育、物质激励等多种方式，在企业生产经营的不同岗位设置预防事故的措施，一旦某个环节出现了安全隐患，会同时有多个岗位、多个人员和多种应对措施来应对。

四、企业安全生产的基本义务

企业安全生产的基本义务如下。

（一）加强安全生产管理

加强安全生产管理应当从表8-1所列的几个方面入手。

表8-1　加强安全生产管理的重点

序号	重点	具体说明
1	加强对安全生产工作的领导	要搞好安全生产工作，必须加强对安全生产工作的领导： （1）不断完善安全工作行为准则，检查制度和标准，考核奖惩办法 （2）要使"安全第一，预防为主"的方针深入人心，要严抓细管，刚性考核，绝不姑息任何违章行为 （3）始终坚持把安全生产摆在重要位置，不断健全安全生产保证体系和安全生产监督体系，以全面落实安全生产责任制为核心，以完善安全生产法规、制度和责任制为基础，以落实反事故措施、反违章、推行标准化工作为原则，做到组织落实、措施落实、检查落实、考核落实，使安全生产管理的基础工作进一步加强
2	不断提高人员素质	不断提高人员素质是实现安全生产的可靠保证。安全生产中的每一项工作，人都是第一要素，而且是生产要素中最活跃的，必须采取有效手段提高人员素质。结合生产实际需要，通过技术比武、岗位练兵等形式，增强安全意识，激励职工钻研专业技术，提高专业知识水平和技能水平。结合各阶段安全生产特点，加强了对职工的安全知识和技能培训，切实提高职工的安全意识和技能

续表

序号	重点	具体说明
3	管理监督到位	安全工作重在管理监督到位,这是确保安全生产的重要环节。是要根据生产不断发展的需求,及时发现和消除隐患,及时纠正和查处违章,实现安全监督由事后监督向事前监督、过程监督的转变,实现单位、班组、个人三级安全目标。安全监督管理,应突出强调敢抓、敢管、敢考核。企业要十分注重"以人为本,重在教育和预防"的原则,注意发现、表彰安全工作中的好人好事,总结和推广安全管理中的好做法,积极探索安全管理的新路子,激发和保护班组和职工的工作积极性,对违章作业始终保持高压态势,形成有效的生产流程安全监督机制

(二)建立、健全安全生产责任制和安全生产规章制度

安全生产责任制主要指企业的各级领导、职能部门和在一定岗位上的劳动者个人对安全生产工作应负责任的一种制度,也是企业的一项基本管理制度,也是企业安全生产、劳动保护管理制度的核心。

实践证明,凡是建立、健全了安全生产责任制的企业,各级领导重视安全生产、劳动保护工作,切实贯彻执行党的安全生产、劳动保护方针、政策和国家的安全生产、劳动保护法规,在认真负责地组织生产的同时,积极采取措施,改善劳动条件,工伤事故和职业性疾病就会减少。反之,就会职责不清,相互推诿,而使安全生产、劳动保护工作无人负责,无法进行,工伤事故与职业病就会不断发生。安全生产责任制是经长期的安全生产、劳动保护管理实践证明的成功制度与措施。这一制度与措施最早见于国务院颁布的《关于加强企业生产中安全工作的几项规定》(即《五项规定》)。

《五项规定》中要求,企业的各级领导、职能部门、有关工程技术人员和生产工人,各自在生产过程中应负的安全责任,必须加以明确的规定。

《五项规定》还要求:企业单位的各级领导人员在管理生产的同时,必须负责管理安全工作,认真贯彻执行国家有关劳动保护的法令和制度,在计划、布置、检查、总结、评比生产的同时,计划、布置、检查、总结、评比安全工作(即"五同时"制度);企业单位中的生产、技术、设计、供销、运输、财务等各有关专职机构,都应在各自的企业务范围内,对实现安全生产的要求负责;企业单位都应根据实际情况加强劳动保护机构或专职人员的工作;企业单位各生产小组都应设置不脱产的安全生产管理员;企业职工应自觉遵守安全生产规章制度。

安全生产规章制度是以安全生产责任制为核心的,指引和约束人们在安全生产方面的行为、是安全生产的行为准则。其作用是明确各岗位安全职责、规范安全生产行为、建立和维护安全生产秩序。包括安全生产责任制、安全操作规程和

基本的安全生产管理制度。

（三）安全生产标准化

安全生产标准化，是指通过建立安全生产责任制，制订安全管理制度和操作规程，排查治理隐患和监控重大危险源，建立预防机制，规范生产行为，使各生产环节符合有关安全生产法律法规和标准规范的要求，人、机、物、环境处于良好的生产状态，并持续改进，不断加强企业安全生产规范化建设。

安全生产标准化包含安全目标、组织机构和人员、安全责任体系、安全生产投入、法律法规与安全管理制度、队伍建设、生产设备设施、科技创新与信息化、作业管理、隐患排查和治理、危险源辨识与风险控制、职业健康、安全文化、应急救援、事故的报告和调查处理、绩效评定和持续改进十六个方面。

生产经营单位安全生产基本义务的最终目标是提高安全生产水平，确保安全生产。

五、企业主要负责人的安全责任

安全生产工作是一个单位最重要的工作之一，因此，应当由主要负责人全面负责。

（一）哪些人是负责人

单位负责人主要包括两类人员：

（1）单位的法定代表人，是指依法代表法人单位行使职权的负责人，如国有工业企业的厂长（经理）、公司制的董事长或执行董事等。

（2）按照法律、行政法规规定代表单位行使职权的负责人，即是指依法代表非法人单位行使职权的负责人，如代表合伙企业执行合伙企业事务的合伙人、个人独资企业的投资人等。

（二）主要负责人的安全责任

生产经营单位主要负责人对本单位的安全生产工作全面负责，具体履行下列主要职责。

（1）建立、健全安全生产责任制。
（2）组织制订本单位安全生产规章制度和操作规程。
（3）推进安全生产标准化建设。
（4）保证本单位安全生产投入的有效实施。
（5）督促、检查本单位的安全生产工作，及时消除生产安全事故隐患。

（6）组织制订并实施本单位的生产安全事故应急救援预案。
（7）及时、如实报告生产安全事故。

六、安全生产责任制

《安全生产法》第十九条规定了生产经营单位安全生产责任制的主要内容。本条的法律条款为："生产经营单位的安全生产责任制应当明确各岗位的责任人员、责任范围和考核标准等内容。生产经营单位应当建立相应的机制，加强对安全生产责任制落实情况的监督考核，保证安全生产责任制的落实。"

（一）责任制的内容

生产经营单位的安全生产责任制应当明确三个方面的内容。
（1）各岗位的责任人员。
（2）责任范围。
（3）考核标准。

各岗位的责任人员要明确到具体的个人且在醒目的位置标示出来，如果该岗位责任人员出现变动，应当及时更换责任人员，不允许出现空缺的现象。责任范围应当从时间、空间、事项三个方面进行界定，责任范围应当尽量具体、清晰，不要出现模糊和歧义。考核标准应当尽量细化，不要太过抽象。考核标准原则上应当量化，可以对照该标准打分。

（二）责任制的执行

制度建立后必须认真贯彻执行，否则就形同虚设，因此，生产经营单位应当建立相应的机制，加强对安全生产责任制落实情况的监督考核，保证安全生产责任制落实到位。

七、安全生产教育和培训

（一）安全生产教育和培训

《安全生产法》第二十五条规定了生产经营单位对从业人员进行安全生产教育和培训的义务。本条的法律条款如下。

（1）生产经营单位应当对从业人员进行安全生产教育和培训，保证从业人员具备必要的安全生产知识，熟悉有关的安全生产规章制度和安全操作规程，掌握本岗位的安全操作技能，了解事故应急处理措施，知悉自身在安全生产方面的权利和义务。未经安全生产教育和培训合格的从业人员，不得上岗作业。

（2）生产经营单位使用被派遣劳动者的，应当将被派遣劳动者纳入本单位从业人员统一管理，对被派遣劳动者进行岗位安全操作规程和安全操作技能的教育和培训。劳务派遣单位应当对被派遣劳动者进行必要的安全生产教育和培训。

（3）生产经营单位接收中等职业学校、高等学校学生实习的，应当对实习学生进行相应的安全生产教育和培训，提供必要的劳动防护用品。学校应当协助生产经营单位对实习学生进行安全生产教育和培训。

（4）生产经营单位应当建立安全生产教育和培训档案，如实记录安全生产教育和培训的时间、内容、参加人员以及考核结果等情况。

1. 为什么要进行培训

从业人员虽然不直接从事安全生产管理工作，但要直接从事生产经营活动，而安全事故往往都是在生产经营活动中发生的，因此，从业人员也必须具备基本的安全生产知识。本条第一款要求生产经营单位应当对从业人员进行安全生产教育和培训，保证从业人员具备必要的安全生产知识，熟悉有关的安全生产规章制度和安全操作规程，掌握本岗位的安全操作技能，了解事故应急处理措施，知悉自身在安全生产方面的权利和义务。本款同时强调，未经安全生产教育和培训合格的从业人员，不得上岗作业。

2. 被派遣劳动者也要加以培训

劳务派遣只是用工形式的改变，被派遣劳动者与本单位从业人员在安全生产方面没有本质区别。因此，本条第二款要求生产经营单位使用被派遣劳动者的，应当将被派遣劳动者纳入本单位从业人员统一管理，对被派遣劳动者进行岗位安全操作规程和安全操作技能的教育和培训。劳务派遣单位应当对被派遣劳动者进行必要的安全生产教育和培训。

3. 实习生也需接受培训

实习生虽然不是正式从事人员，但也会参与生产经营活动，如果不具备必需的安全生产知识，也可能产生安全事故，因此，本条第二款规定生产经营单位接收中等职业学校、高等学校学生实习的，应当对实习学生进行相应的安全生产教育和培训，提供必要的劳动防护用品。由于学校对实习生同样负有监管职责，因此，本条第二款也要求学校应协助生产经营单位对实习学生进行安全生产教育和培训。

4. 文字记录和书面凭证

生产经营单位是否依法履行上述义务必须有一定的文字记录和书面凭证，因此，本条第四款规定，生产经营单位应当建立安全生产教育和培训档案，如实记录安全生产教育和培训的时间、内容、参加人员以及考核结果等情况。

（二）安全教育和告知的义务

《安全生产法》第四十一条规定了生产经营单位向从业人员进行安全教育和

告知的义务。本条的法律条款为:"生产经营单位应当教育和督促从业人员严格执行本单位的安全生产规章制度和安全操作规程;并向从业人员如实告知作业场所和工作岗位存在的危险因素、防范措施以及事故应急措施。"

生产经营单位的安全生产规章制度和安全操作规程是让从业人员遵守的,从业人员是否遵守安全生产规章制度和安全操作规程,生产经营单位的作用不容忽视。因此,生产经营单位应当教育和督促从业人员严格执行本单位的安全生产规章制度和安全操作规程。

为确保从业人员的人身安全,生产经营单位应当向从业人员如实告知作业场所和工作岗位存在的危险因素、防范措施以及事故应急措施。

八、特种作业人员资格制度

(一)特种作业的范围

特种作业是指容易发生人员伤亡事故,对操作者本人、他人及周围设施的安全可能造成重大危害的作业。直接从事特种作业的人员称为特种作业人员。目前我国规定的特种作业包括十类。

(1)电工作业(包括3项)。

(2)焊接与热切割作业(包括3项)。

(3)高处作业(包括2项)。

(4)制冷与空调作业(包括2项)。

(5)煤矿安全作业(包括10项)。

(6)金属非金属矿山安全作业(包括8项)。

(7)石油天然气安全作业(包括1项)。

(8)冶金(有色)生产安全作业(包括1项)。

(9)危险化学品安全作业(包括16项)。

(10)烟花爆竹安全作业(包括5项)。

(二)特种作业人员的上岗要求

特种作业人员必须经专门的安全技术培训并考核合格,取得《中华人民共和国特种作业操作证》(以下简称《特种作业操作证》)后,方可上岗作业。

(三)特种作业人员应当符合的条件

特种作业人员应当符合下列条件。

(1)年满18周岁,且不超过国家法定退休年龄。

(2)经社区或者县级以上医疗机构体检健康合格,并无妨碍从事相应特种作业的器质性心脏病、癫痫病、美尼尔氏症、眩晕症、癔症、震颤麻痹症、精神病、痴呆症以及其他疾病和生理缺陷。

（3）具有初中及以上文化程度。

（4）具备必要的安全技术知识与技能。

（5）相应特种作业规定的其他条件。

九、设置明显的安全警示标志的义务

有些生产经营场所和有关设施、设备的危险因素比普通生产经营场所和有关设施、设备大，如果对此危险因素不进行特殊标志，相关从业人员容易将其作为普通生产经营场所和有关设施、设备对待，这样就容易发生安全生产事故。为此，《安全生产法》第三十二条明确规定了生产经营单位应当在有较大危险因素的生产经营场所和有关设施、设备上，设置明显的安全警示标志。

设置明显的安全警示标志的前提是有较大危险因素，如果企业不加区分在大多数生产经营场所和有关设施、设备上都设置明显的安全警示标志，这种警示标志就起不到提示和警告的作用了，因此，必须在真正具有较大危险因素的生产经营场所和有关设施、设备上才能设置这种标志。

安全警示标志的种类繁多，一般是图形配合文字，当然，也可以仅包含图形或者仅包含文字。对于需要警示外国人的，还应当有英文或者其他外文标志。

十、安全设备的标准与维护

安全设备对确保安全生产、预防安全事故的发生具有重要作用。因此，安全设备的设计、制造、安装、使用、检测、维修、改造和报废，应当符合国家标准或者行业标准。目前，我国对各类安全设备都制订了国家标准或者行业标准，而且会随着技术的发展和实践的需要对相关标准进行修改。例如，关于国家电器设备安全技术规范，我国曾于2004年制订了GB 19517—2004的国家标准，2009年又制订了GB 19517—2009的国家标准，取代了GB 19517—2004的国家标准。

同时，安全设备必须处于良好的使用状态中才能发挥确保安全生产、预防安全事故的作用，因此，生产经营单位必须对安全设备进行经常性维护、保养，并定期检测，保证正常运转。维护、保养、检测应当做好记录，并且要有相关人员签字。这里的相关人员应当包括专业的维修人员以及使用单位负责该事项的人员。

十一、企业对危险物品的容器、运输工具的检测、检验义务

危险物品是易燃易爆物品、危险化学品、放射性物品等能够危及人身安全和

财产安全的物品。这些物品的容器和运输工具非常重要，一旦容器破损或者运输工具出现问题，就可能导致这些危险物品暴露出来，一方面可能直接带来危险的化学反应，另一方面可能对人民群众的生命或财产安全带来威胁。因此，《安全生产法》第三十四条的规定，生产经营单位使用的危险物品的容器、运输工具，必须按照国家有关规定，由专业生产单位生产，并经取得专业资质的检测、检验机构检测、检验合格，取得安全使用证或者安全标志，方可投入使用。检测、检验机构对检测、检验结果负责。

十二、生产、经营、运输、储存、使用危险物品或者处置废弃危险物品的基本制度

危险物品对人民群众生命财产安全造成的危害比较大，对此类物品，我国实行由主管部门审批和监督管理的制度。危险物品的生产、经营、运输、储存、使用以及处置废弃危险物品的，都由有关主管部门依照有关法律、法规的规定和国家标准或者行业标准审批并实施监督管理。

生产经营单位在生产、经营、运输、储存、使用危险物品或者处置废弃危险物品过程中的基本义务如下。

（1）执行有关法律、法规和国家标准或者行业标准。

（2）建立专门的安全管理制度。

（3）采取可靠的安全措施。

（4）接受有关主管部门依法实施的监督管理。

目前我国出台的有关危险物品的国家标准很多，例如《危险货物包装标志》、《放射性物质包装的内容物和辐射的泄漏检验》、《腐蚀性商品储藏养护技术条件》等。

十三、重大危险源的监督管理制度

《安全生产法》第三十七条规定了对重大危险源的监督管理制度。生产经营单位对重大危险源应当做好以下四项工作。

（1）登记建档。

（2）进行定期检测、评估、监控。

（3）制订应急预案。

（4）告知从业人员和相关人员在紧急情况下应当采取的应急措施。

生产经营单位应当按照国家有关规定将本单位重大危险源及有关安全措施、应急措施报有关地方人民政府安全生产监督管理部门和有关部门备案。在备案时

应注意首先应当向地方人民政府安全生产监督管理部门备案,其次,如果企业有行业主管部门还应当向有关部门备案。

十四、生产安全事故隐患排查治理制度

《安全生产法》第三十八条规定了生产经营单位的生产安全事故隐患排查治理制度。

(一)什么是安全生产事故隐患

安全生产事故隐患(以下简称事故隐患),是指生产经营单位违反安全生产法律、法规、规章、标准、规程和安全生产管理制度的规定,或者因其他因素在生产经营活动中存在可能导致事故发生的物的危险状态、人的不安全行为和管理上的缺陷。

事故隐患分为一般事故隐患和重大事故隐患。一般事故隐患,是指危害和整改难度较小,发现后能够立即整改排除的隐患。重大事故隐患,是指危害和整改难度较大,应当全部或者局部停产停业,并经过一定时间整改治理方能排除的隐患,或者因外部因素影响致使生产经营单位自身难以排除的隐患。

(二)事故隐患排查治理制度

《安全生产事故隐患排查治理暂行规定》要求生产经营单位应当建立健全事故隐患排查治理制度。生产经营单位主要负责人对本单位事故隐患排查治理工作全面负责。生产经营单位应当每季、每年对本单位事故隐患排查治理情况进行统计分析,并分别于下一季度15日前和下一年1月31日前向安全监管监察部门和有关部门报送书面统计分析表。统计分析表应当由生产经营单位主要负责人签字。对于重大事故隐患,生产经营单位除依照上述规定报送外,应当及时向安全监管监察部门和有关部门报告。重大事故隐患报告内容应当包括三项。

(1)隐患的现状及其产生原因。

(2)隐患的危害程度和整改难易程度分析。

(3)隐患的治理方案。

十五、危险物品隔离以及保持生产经营场所和员工宿舍出口畅通制度

《安全生产法》第三十九条规定了危险物品隔离以及保持生产经营场所和员工宿舍出口畅通制度。

对于危险物品而言,即使做到了各项安全保护工作,也不能确保危险物品一定不会带来危害,因此,为防万一,危险物品与员工宿舍应隔离。生产、经营、

储存、使用危险物品的车间、商店、仓库不得与员工宿舍在同一座建筑物内，并应当与员工宿舍保持安全距离。这里的安全距离是指即使危险物品发生爆炸等危险情形，也不至于威胁到员工宿舍的安全。

在发生安全事故时，最短时间内撤离危险区域是最大限度降低伤亡的重要保障，因此，生产经营场所和员工宿舍都应当有安全出口。本条第二款要求生产经营场所和员工宿舍应当设有符合紧急疏散要求、标志明显、保持畅通的出口。禁止锁闭、封堵生产经营场所或者员工宿舍的出口。安全出口应当保持24小时畅通，即使为了安全考虑而在夜间加锁，也应当有专人负责保管钥匙，而且要保证在发生安全事故需要紧急撤离时，能够在第一时间打开安全出口。

十六、特殊危险作业的现场安全管理制度

《安全生产法》第四十条规定了对特殊危险作业的现场安全管理。对某些特殊危险作业，一旦违反操作规程或者相关安全措施就可能导致人身财产的危害，对这些特殊危险作业，必须实行特殊安全管理，即安排专门人员进行现场安全管理，确保操作规程的遵守和安全措施的落实。本条目前明确规定的危险作业就是爆破和吊装，未来国务院安全生产监督管理部门还可能会同国务院有关部门规定其他危险作业。

爆破是利用炸药在空气、水、土石介质或物体中爆炸所产生的压缩、松动、破坏、抛掷及杀伤作用，达到预期目的的一门技术。

吊装是指吊车或者起升机构对设备的安装、就位的统称。吊装一般需要吊具（或称吊索具）配合进行，吊具由专业生产厂家制造。

十七、安全教育和告知的义务

《安全生产法》第四十一条规定了生产经营单位向从业人员进行安全教育和告知的义务。生产经营单位的安全生产规章制度和安全操作规程是让从业人员遵守的，从业人员是否遵守安全生产规章制度和安全操作规程，生产经营单位的作用不容忽视。因此，生产经营单位应当教育和督促从业人员严格执行本单位的安全生产规章制度和安全操作规程。

为确保从业人员的人身安全，生产经营单位应当向从业人员如实告知作业场所和工作岗位存在的危险因素、防范措施以及事故应急措施。

十八、为从业人员提劳动保护用品的义务

《安全生产法》第四十二条规定了生产经营单位为从业人员提劳动保护用品

的义务。

某些从业人员所接触的物品或者所处的环境对人体健康是有害的，必须配备劳动防护用品才能防止对人体健康产生危害，此时，生产经营单位必须为从业人员提供符合国家标准或者行业标准的劳动防护用品，并监督、教育从业人员按照使用规则佩戴、使用。

劳动防护用品，是指保护劳动者在生产过程中的人身安全与健康所必备的一种防御性装备，对于减少职业危害起着相当重要的作用。劳动防护用品按照防护部位分为九类。

（1）头部护具类。

（2）呼吸护具类。

（3）眼防护具。

（4）听力护具。

（5）防护鞋。

（6）防护手套。

（7）防护服。

（8）防坠落护具。

（9）护肤用品。

十九、安全生产管理人员的检查义务和报告义务

《安全生产法》第四十三条规定了安全生产管理人员的检查义务和报告义务。

生产经营单位的安全生产管理人员在检查中发现重大事故隐患，应向本单位有关负责人报告，有关负责人不及时处理的，安全生产管理人员可以向主管的负有安全生产监督管理职责的部门报告，接到报告的部门应当依法及时处理。

安全生产管理人员对负责安全生产的专职人员，因此，应当根据本单位的生产经营特点，对安全生产状况进行经常性检查。对检查中发现的安全问题，应当立即处理，因为如果有迟延，就可能发生安全事故。但有些安全问题可能比较重大，安全生产管理人员无权处理，此时就应当及时报告本单位有关负责人，有关负责人应当及时处理。为事后追究相关责任人的责任，本条要求检查及处理情况应当如实记录在案。

对生产经营单位的安全生产管理人员在检查中发现重大事故隐患，一旦本单位负责人不及时处理，就可能发生重大事故，此时，法律要求，如果安全生产管理人员依照第一款规定向本单位有关负责人报告，有关负责人不及时处理的，安全生产管理人员可以向主管的负有安全生产监督管理职责的部门报告，接到报告的部门应当依法处理。

二十、企业参加工伤保险和安全生产责任保险的义务

《安全生产法》第四十八条规定了生产经营单位参加工伤保险和安全生产责任保险的义务。无论生产经营单位采取什么样的预防措施,安全生产事故的发生总是难以避免的,一旦发生事故,赔偿数额可能是巨大的,生产经营单位往往无力负担,此时就需要发挥保险的作用。

(一)工伤保险

对于工伤保险,这是国家法定的强制性社会保险,生产经营单位必须参加。《社会保险法》第三十三条的规定,职工应当参加工伤保险,由用人单位缴纳工伤保险费,职工不缴纳工伤保险费。本法第三十五条的规定,用人单位应当按照本单位职工工资总额,根据社会保险经办机构确定的费率缴纳工伤保险费。

企业参加工伤保险后,职工发生工伤后大部分的费用将由工伤保险基金负担。《社会保险法》第三十八条的规定,因工伤发生的下列费用,按照国家规定从工伤保险基金中支付。

(1)治疗工伤的医疗费用和康复费用。

(2)住院伙食补助费。

(3)到统筹地区以外就医的交通食宿费。

(4)安装配置伤残辅助器具所需费用。

(5)生活不能自理的,经劳动能力鉴定委员会确认的生活护理费。

(6)一次性伤残补助金和一至四级伤残职工按月领取的伤残津贴。

(7)终止或者解除劳动合同时,应当享受的一次性医疗补助金。

(8)因工死亡的,其遗属领取的丧葬补助金、供养亲属抚恤金和因工死亡补助金。

(9)劳动能力鉴定费。

生产经营单位承担的费用有限,《社会保险法》第三十九条规定,因工伤发生的下列费用,按照国家规定由用人单位支付。

(1)治疗工伤期间的工资福利。

(2)五级、六级伤残职工按月领取的伤残津贴。

(3)终止或者解除劳动合同时,应当享受的一次性伤残就业补助金。

(二)安全生产责任保险

社会保险的赔偿数额是有限的,如果社会保险无法满足企业的需要。一些高危行业可以考虑参加安全生产责任保险。安全生产责任保险是生产经营单位在发生生产安全事故以后对死亡、伤残都履行赔偿责任的保险,对维护社会安定和谐

具有重要作用。对于高危行业分布广泛，伤亡事故时有发生的地区，发展安全生产责任保险，用责任保险等经济手段加强和改善安全生产管理，是强化安全事故风险管控的重要措施，有利于增强安全生产意识，防范事故发生，促进地区安全生产形势稳定好转；有利于预防和化解社会矛盾，减轻各级政府在事故发生后的救助负担；有利于维护人民群众根本利益，促进经济健康运行，保持社会稳定。安全生产责任保险是针对高危行业开办的险别，不仅可承保因企业在生产经营过程中，发生生产安全事故所造成的伤亡或者下落不明，还可对应附加医疗费用、第三者责任及事故应急救援和善后处理费用。

二十一、生产安全事故责任追究制度

《安全生产法》第十四条规定："国家实行生产安全事故责任追究制度，依照本法和有关法律、法规的规定，追究生产安全事故责任人员的法律责任。"

（一）为什么要对事故实行责任追究制度

生产经营活动中发生安全事故，其直接原因是多种多样的，但造成这些直接原因的原因，即事故的间接原因，则大多是因为违反安全生产的法律、法规、标准和有关技术规程、规范等人为因素造成的。如生产经营活动的作业场所不符合保证安全生产的规定；设施、设备、工具、器材不符合安全标准，存在缺陷；未按规定配备安全防护用品；未对职工进行安全教育培训，职工缺乏安全生产知识；劳动组织不合理；管理人员违章指挥；职工违章冒险作业等。鉴于生产安全事故对国家和人民群众的生命、财产安全造成的损失，对因人为原因造成的责任事故，必须依法追究责任者的法律责任，以示警戒和教育。为此，《安全生产法》明确规定，对生产安全事故实行责任追究制度。

（二）要负哪些责任

依照《安全生产法》和有关法律、法规的规定，对生产安全事故的责任者，由有关主管机关依法追究其行政责任；构成犯罪的，由司法机关依法追究其刑事责任。

1.行政责任

行政责任是指有违反有关行政管理的法律、法规的规定，但尚未构成犯罪的行为所依法应当承担的法律后果。行政责任一般分为两类，即行政处分和行政处罚。"行政处分"是对国家工作人员及由国家机关委派到企业事业单位任职的人员的违法行为，由所在单位或者其上级主管机关所给予的一种制裁性处理。按照行政监察法及国务院的有关规定，行政处分的种类包括警告、记过、降级、降职、撤职、开除等。"行政处罚"是对有行政违法行为的单位或个人给予的行政制裁。根据《行政处罚法》的规定，行政处罚的种类包括警告、罚款、没收财物、责令停止生产或停业营业、吊销营业执照等。

《国务院关于特大安全事故行政责任追究的规定》中规定，对市（地、州）、县（市、区）人民政府依照本规定应当履行职责而未履行，或者未按照规定的程序履行，本地区发生特大安全事故的，对政府主要领导人根据情节轻重，给予降级或者撤职的行政处分；负责对安全生产有关事项行政审批的政府部门或者机构、负责安全生产监督管理的政府有关部门，未依照规定履行职责，发生特大安全事故的，对部门或者机构的正职负责人根据情节轻重，给予撤职或者开除公职的行政处分；发生特大安全事故，社会影响特别恶劣或者性质特别严重的，由国务院对负有领导责任的省长、自治区主席、直辖市市长和国务院有关部门正职负责人给予行政处分。

2. 刑事责任

刑事责任是指有依照刑法规定构成犯罪的严重违法行为所应承担的法律后果。追究刑事责任的方式，是依照刑法的规定给予刑事制裁。刑事责任是最为严厉的法律责任。《刑法》在"危害公共安全罪"一章中，对包括重大责任事故罪、重大劳动安全事故罪、危险物品肇事罪、建设工程重大安全事故罪等在内的九种重大责任事故犯罪的犯罪构成及刑事责任作了规定。

二十二、从业人员在安全生产方面的权利和义务

《安全生产法》第六条规定："生产经营单位的从业人员有依法获得安全生产保障的权利，并应当依法履行安全生产方面的义务。"

（一）基本权利

生产经营单位的从业人员在安全生产方面的基本权利是获得安全生产保障。具体的权利如下。

（1）在劳动合同中约定安全生产事项的义务。
（2）从业人员所享有的知情权和建议权。
（3）从业人员的批评、检举、控告和拒绝违章指挥和强令冒险作业的权利。
（4）从业人员停止作业的权利。
（5）从业人员有获得赔偿的权利。

（二）基本义务

生产经营单位的从业人员在安全生产方面的基本义务是依法履行安全生产方

面的义务。劳动者一旦违反安全生产方面的规章制度,不仅会导致自身权益受到损害,还会损毁单位利益以及其他劳动者的利益。《劳动法》第五十六条规定:"劳动者在劳动过程中必须严格遵守安全操作规程。"

1.从业人员遵守规章制度的义务

从业人员在作业过程中,只有严格遵守本单位的安全生产规章制度和操作规程,服从管理,正确佩戴和使用劳动防护用品,才能有效防止事故的发生或者降低事故发生的概率,为此,本条明确规定了从业人员遵守安全生产规章制度的义务。对于从业人员的上述义务,生产经营单位应当进行督促和检查。

2.从业人员接受安全生产教育和培训的义务

从业人员只有接受安全生产教育和培训,才能掌握本职工作所需的安全生产知识,才能提高安全生产技能,并最终增强事故预防和应急处理能力。

3.从业人员的报告义务

被报告的对象是现场安全生产管理人员或者本单位负责人,如果临时找不到现场安全生产管理人员或者本单位负责人,也可以首先向单位的其他管理人员报告,由他们再向单位负责人报告。由于此时已经出现了事故隐患或者其他不安全因素,因此,接到报告的人员应当及时予以处理。

侯律师说法 >>>

经典案例

某县要修一条县级公路,郭某通过关系承包了一段10公里的工程。随后,郭某将其转包给张某,张某又将其分为三段,分别承包给于某、范某和林某。林某承包的路段由于开山架桥的地方较多,因此雇用了较多的施工人员。为了尽量减少开支,林某明知刘某之子刘甲、刘乙、刘丙无爆破员作业证书,仍以每天11元的报酬雇用,并要求刘甲既要完成其自己的爆破任务,还要管理好其两个弟弟的爆破作业和负责爆破现场的安全管理。为此,林某每天多给刘甲3元。

由于刘甲等人均是当地农民,根本不了解爆破的安全操作规程,在爆破过程中仅仅根据常识进行判断。同时,林某也没有制订或要求刘甲制订安全措施。因此,爆破施工中,经常发生一些小事故。但林某对之不以为然,直至在一次爆破作业中,刘甲因操作失误,造成2人死亡,多人重伤。

案例评析

这是一起由于作业人员缺乏安全作业资格以及违章作业等原因引起的生产安全事故。

根据《安全生产法》第35条的规定,生产经营单位进行爆破、吊装等危险作业,应当安排专门人员进行现场安全管理,确保操作规程的遵守和安全措施的落实。本案中,正是由于施工者没有加强作业现场的安全管理,作业人员不具备相关操作资格,违章作业,结果造成人员伤亡事故。

同时,《安全生产法》还要求爆破现场必须采取必要的安全措施,确保爆破人员遵守操作规程。但是林某既没有做到这一点,也无视多次事故的发生,没有及时采取相应的安全措施防范重大生产安全事故隐患。另外,林某还违反了《安全生产法》第41条关于工程承包的规定。根据其规定,生产经营单位不得将生产经营项目、场所、设备发包或出租给不具备安全生产条件或者相应资质的单位或者个人。

根据《安全生产法》第86条规定,生产经营单位将生产经营项目、场所、设备发包或者出租给不具备安全生产条件或者相应资质的单位或者个人,导致发生生产安全事故给他人造成损失的,与承包方、承租方承担连带赔偿责任。此案中,林某与刘氏兄弟应当承担连带责任。

第九章

产品质量法的法律常识

 引言 ▶▶▶

产品质量的好坏,关系到企业的生死存亡,要发展就要把质量放在首位,产品质量法是调整产品质量关系的法律,《中华人民共和国产品质量法》(以下简称《产品质量法》)调整的对象有两个:一是产品质量责任关系;二是产品质量监督管理关系。作为一个企业的老板,无疑必须了解与产品质量有关的法律制度。

一、产品质量

(一)什么是产品

1.商业角度

产品是指能够提供给市场,被人们使用和消费,并能满足人们某种需求的任何东西,包括有形的物品、无形的服务、组织、观念或它们的组合。

2.法律角度

产品是指通过加工、制作、用于销售的产品。

判断标准:

(1)必须是经过加工、制作的产品,因此不包含初级农产品。

(2)必须是用于销售,即投入流通领域。

(二)产品质量

1.国际标准

根据国际标准化组织制订的国际标准《质量管理和质量保证——术语》(ISO 8402—1994),产品质量是指产品"反映实体满足明确和隐含需要的能力和特性的总和"。

2.一般理解

产品质量是指产品符合人们需要的内在素质与外观形态的各种特性的综合状态,具体如图9-1所示。

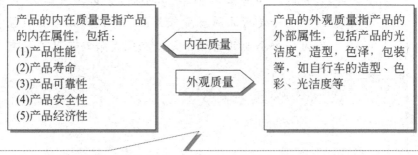

图9-1 产品质量的一般理解

二、《产品质量法》的适用范围

产品质量法是调整在生产、流通和消费过程中因产品质量而发生的经济关系的法律规范的总称。

《产品质量法》是规范产品质量的基本法律。

适用《产品质量法》的产品范围如下。

（1）以销售为目的，通过工业加工、手工制作等生产方式所获得的具有特定使用性能的物品。

（2）未经加工的天然形成的产品，如原矿、原煤、石油、天然气等；以及初级农产品，如农、林、牧、渔等产品，不适用本法规定。

（3）建筑物、工程等不动产不适用本法规定。

三、生产者的产品质量义务

（一）生产者保证产品内在质量的义务

《产品质量法》第二十六条规定了生产者保证产品内在质量的义务。

（1）不存在危及人身、财产安全的不合理的危险，有保障人体健康和人身、财产安全的国家标准、行业标准的，应当符合该标准。

（2）具备产品应当具备的使用性能，但是，对产品存在使用性能的瑕疵作出说明的除外。

（3）符合在产品或者其包装上注明采用的产品标准，符合以产品说明、实物样品等方式表明的质量状况。

（二）生产者对产品标识的义务

产品包装，是指为在产品运输、储存、销售等流通过程中保护产品，促进销售，按照一定技术方法采用的容器、材料和附着物并在包装物上附加有关标识而进行的操作活动的总称。

产品标识，是指用于识别产品或其特征、特性所做的各种表示的统称。产品标识可以用文字、符号、标志、标记、数字、图案等表示。产品标识由生产者提供，它的主要作用是表明产品的有关信息，帮助消费者了解产品的质量状况，说明产品的正确使用、保养方法，指导消费。

1. 有产品质量合格证明

合格证明包括合格证、合格印章等各种形式。合格证的项目内容，由企业自行决定。合格证一般注明检验人员或者其代号，检验、出厂日期等事项。一些不便于佩戴合格证的产品，可用合格章。产品质量检验合格证明只能用于经过检验合格的产品上，未经检验的产品或者检验不合格的产品，不得使用产品质量检验合格证明。

> **特别提示** ▶▶▶
>
> 出厂产品的检验，一般由生产自身设置的检验部门进行检验。对不具备检测能力和条件的企业，可以委托社会产品质量检验机构进行检验。

2. 有中文标明的产品名称、生产厂厂名和厂址

企业的厂名和厂址在企业办理营业执照时便已经确定，标注产品的生产厂厂名和厂址时应当与企业营业执照上载明的厂名和厂址一致。

3. 需要根据产品的特点和使用要求标注产品标识

根据产品的特点和使用要求，需要标明产品规格、等级、所含主要成分的名称和含量的，用中文相应予以标明；需要事先让消费者知晓的，应当在外包装上标明，或者预先向消费者提供有关资料。

4. 限时使用产品的标识要求

即限期使用的产品，应当在显著位置清晰地标明生产日期和安全使用期或者失效日期。所谓限期使用的产品，是指具备一定使用期限，并且能够在此期限内能够保证产品质量的产品。例如食品、药品、农药、化肥、水泥、化妆品、饮料等产品，都应当具有一定的使用期限。

所谓安全使用期，一般是泛指保证产品质量的期限。安全使用期包括保质期、保存期、有效期、保鲜期等，如图9-2所示。

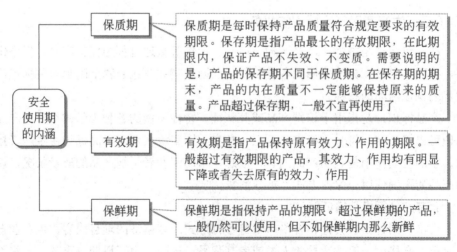

图9-2 安全使用期的内涵

对限期使用的产品，可以有两种标注方法，如图9-3所示。

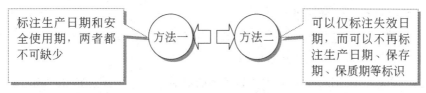

图9-3 限期使用产品的标注方法

 特别提示 ▶▶▶

限期使用的产品,其生产日期和安全使用期或者失效日期应当在显著位置清晰地标明。所谓显著位置,是指易使人发现的明显位置。所谓清晰,是指达到一般人能够清楚地辨识的程度。

5.涉及使用安全的标识要求

即使用不当,容易造成产品本身损坏或者可能危及人身、财产安全的产品,要有警示标志或者中文警示说明。所谓警示标志,是指用以表示特定的含义,告诫、提示人们应当对于某些不安全因素引起高度注意和警惕的图形。例如,表示剧毒、危险、易燃、易爆等意思,均有专用的对应的图形标志。所谓中文警示说明,是指用来告诫、提示人们应当对不安全因素引起高度重视和警惕的中文文字说明。中文警示说明也可以理解为用中文标注的注意事项。一般标注在产品或者产品说明书、产品外包装上。例如在燃气热水器上注明"注意室内通风"字样。总之,对上述产品标注中文警示说明和警示标志是为了保护被使用的产品免遭损坏,保护使用者的安全、健康。

6.产品标识的例外规定

《产品质量法》第二十七条的规定,"裸装的食品和其他根据产品的特点难以附加标识的裸装产品,可以不附加产品标识。"这种例外规定主要是考虑到本法调整的产品的范围比较宽泛。像一些裸装产品如商店销售的面条、馒头,还有散装的饼干等没有包装的食品以及日用杂品,是很难标注本条所规定的产品标识的,所以法律在此没有强制规定生产者对这些产品必须标注产品标识的义务。

(三)特殊产品的包装义务

1.什么是特殊产品

危险物品、储运中不能倒置和其他有特殊要求的产品属于特殊产品。包括易碎品,如玻璃及玻璃制品、陶瓷等;易燃、易爆品,如酒精、汽油、炸药、雷管、鞭炮等;剧毒品,如农药等;储运中不能倒置的产品,如电冰箱、装有液体的包装容器等;有其他特殊要求的产品,如古董、古玩、艺术品、工艺品等产品。

2.特殊产品的包装要求

上述特殊产品包装质量必须符合相应要求,依照国家有关规定做出警示标志或者中文警示说明,标明储运注意事项。

(1)毒品、限剧药物必须在产品包装的显著部位,用黑色标注"毒"或者用红色标注"限剧"字样,并附有剧毒品的相应警示标志。

(2)对于危险品,应当在显著部位用红色标注"爆炸品"或者"易爆品"等字样,并附有相应警示标志。对于有毒或者腐蚀性物品,必须用黑色加注"切勿入口"等字样。

(3)对于装卸、搬运操作或者存放保管条件有相应要求或者应提出注意事项的产品,应当醒目标明"向上"、"防潮"、"防雨"、"小心轻放"、"防晒"、"冷藏"、"怕压"等字样。

(4)对于农药等含有害、有毒物质的产品,包装容器必须密闭,不得有外溢、渗漏、脱盖、破损等问题,防止污染或者损害人体健康与安全。

(5)食品包装必须使用无毒、清洁、卫生的物料。直接接触食品的纸张、塑料、橡胶等制品和涂料,必须符合国家卫生标准。

(6)对于放射性物资、电磁波辐射等,其包装容器必须符合国家有关环境保护的规定,在储存、运输过程中严加防护和管理。

(四)生产者的禁止性行为

1.生产者不得生产国家明令淘汰的产品

国家明令淘汰的产品,是指国家行政机关按照一定的程序,采用行政的措施,对涉及耗能高、技术落后、污染环境、危及人体健康等方面的因素,宣布不得继续生产、销售、使用的产品。

2.生产者不得伪造产地,不得伪造或冒用他人的厂名、厂址

对生产者禁止性行为的规定有两种,具体如图9-4所示。

3.生产者不得伪造或者冒用认证标志、名优标志等质量标志

质量标志是指有关主管部门或者组织,按照规定的程序颁发给生产者,用以表明该企业生产的产品的质量达到相应水平的证明标志。

目前我国比较常见的质量标志是产品质量认证标志,主要有:由国务院产品质量监督部门认可的专门机构颁发的方圆认证标志、长城认证标志、PRC认证标志和由国际羊毛局颁发的纯羊毛认证标志等。

伪造,是指非法制作、编造实际上并不存在的质量标志;冒用,是指未取得认证标志等质量标志,而谎称取得,并擅自使用相应质量标志。这两种行为都是法律所禁止的。

| 规定一 | 生产者不得伪造产地 |

产地是指产品生产的所在地。一些产品因产地不同，其性能和质量指标可能会有较大的差异。特别是一些土特产品，与产地的气候、地质条件、环境状况有着密切的联系。同时，有的产地在某一方面有独到的生产、制造与加工手段，拥有较好的技术优势。总之，产地这种标志，在一定程度上也表示产品的质量与信誉，对消费者起到了诱购的作用。生产者在甲地生产产品，却在产品标识上标注乙地的地名，以利用消费者对乙地产品的信赖，造成消费者的误解，是一种典型的欺骗行为，也是法律所不允许的

| 规定二 | 生产者不得伪造或者冒用他人的厂名、厂址 |

伪造，是指生产者捏造、编造不真实的生产厂的厂名和厂址；冒用，是指生产者非法使用他人的厂名、厂址。伪造厂名、厂址，使得消费者在产品质量出现问题时，无法找到生产者，是一种对消费者的欺骗行为，应为法律所禁止。同时，《中华人民共和国民法通则》第九十九条规定"法人、个体工商户、个人合伙享有名称权。"企业对其厂名享有名称权，任何人未经其允许，使用其厂名，都是侵犯企业名称权的行为，应承担侵权责任

图9-4　对生产者禁止性行为的规定

4. 不得掺杂、掺假，不得以假充真、以次充好，不得以不合格产品冒充合格产品

"掺杂、掺假"是指生产者在产品中掺入杂质或者造假，致使产品中有关物质的成分或者含量不符合国家有关法律、法规、标准规定的欺骗行为。

"以假充真"是指生产者以牟取非法利润为目的，用一种产品冒充另一种与其特征、特性不同的产品的欺骗行为。

"以次充好"是指生产者以低等级、低档次的产品，冒充高等级、高档次的产品的欺骗行为，也包括用废、旧、弃产品冒充新产品的行为。

以不合格产品冒充合格产品。所谓合格产品，对于有国家强制性标准的产品来说，是指符合国家的强制性标准；对于没有国家强制性标准的产品来说，是指符合生产者在产品上明确标注所采用的标准。

 相关链接 ▶▶▶

合格产品和不合格产品

一、合格产品的质量要求

合格的产品，其产品质量要符合下述要求。

（1）产品质量符合国家法律、法规对产品的要求，包括产品应当执行的强制性标准的要求。

（2）应当符合合同要求或产品包装上注明采用的产品标准，符合以产品说明、实物样品等方式表明的质量状况。

（3）当合同中没有约定产品质量要求，产品或包装上也无上述所述的质量状况时，产品应当符合国家标准或者行业标准；没有国家标准、行业标准的，则应符合地方标准；没有地方标准的，产品质量应符合生产企业备案的产品生产标准。

（4）以上所述都没有的，产品应当符合应当具备的使用性能或社会公认的产品所应达到的使用要求。

二、不合格产品特征

不合格产品是指不符合强制性标准或者不符合所采用的推荐标准，或不符合合同质量条款的规定的产品。

（1）可能危及人体健康和人身、财产安全的产品，不符合保障人体健康和人身、财产安全的国家标准或行业标准。

（2）不具备产品应当具备的基本使用性能，没有使用价值。

（3）产品辅助性能存在瑕疵，仍有使用价值。

（4）产品质量不符合合同的特别约定条款。

四、销售者的产品质量义务

（一）应当建立并执行进货检查验收制度

进货检查验收制度，是指销售者根据国家有关规定和同生产者或其他供货者之间订立的合同的约定，对购进的产品质量进行检查，符合合同约定的予以验收的制度。

销售者对所进货物经过检查验收，发现存在产品质量问题时，可以提出异议，经进一步证实所进产品不符合质量要求的，可以拒绝验收进货。如果销售者不认真执行进货检查验收制度，对不符合质量要求的产品，予以验收进货，则产品质量责任随即转移到销售者这一方。因此，销售者必须认真执行进货检查验收制度。

进货检查验收制度的内容包括验明产品合格证明和验明其他标识。

1.验明产品合格证明

"产品合格证明"是产品合格证、合格印章等的统称。是生产者出具的用于证明出厂产品的质量经过检验，符合相应要求的标志。销售者在对进货产品进行检验时，首先应当检验产品的合格证明，如果产品没有合格证明，销售者可以拒收。

2.验明其他标识

验明标识，是指检查进货产品的标识，包括有中文说明的产品名称、生产厂名、厂址；根据产品的特点和使用要求，需要标明产品规格、等级、所含主要成分的名称和含量，需要事先让消费者知晓的，应当在外包装上予以标明，或者预先向消费者提供有关资料；限期使用的产品，在显著位置上应当清晰地标明生产日期和安全使用期或者失效日期；使用不当，容易造成产品本身损坏或者可能危及人身、财产安全的产品，要有警示标志或者中文警示说明。

销售者除了验明产品合格证明和其他标识以外，如果对进货产品的内在质量发生怀疑或者为了确保大宗货物的质量可靠，也可以对内在质量进行检验，或者委托依法设立的产品质量检验机构进行检验。但是，对原装、原封的产品，不必对其内在质量进行检验。根据有关行政法规的规定，原装、原封、原标记无异状的产品内在质量，由生产者负责。

（二）保持销售产品的质量

1.销售者应当采取措施

销售者应当根据产品的不同特点，采取不同的措施，如采取必要的防雨、通风、防晒、防霉变、分类等方式，对某些特殊产品的保管，应采取控制温度等措施，保持进货时的产品质量状况，尤其是药品和食品等。采取措施，还应包括配置必要的设备和设施。

2.保持销售产品的质量

这是指销售者通过采取一系列保管措施，使销售产品的质量基本保持着进货时的质量状况。当然，销售的产品由于其质量的特征和特点，经过一段时间，可能会发生一定的变化，但这种变化应限制在合理的范围内，比如，有些食品刚出厂时味道鲜美，存放一段时间后，由于食品内部的一些变化，使得该食品的味道不如刚出厂时的味道，但是并没有变质，这应当认为是一种合理的变化。

（三）销售符合质量要求的产品

销售者不得销售国家明令淘汰并停止销售的产品和失效、变质的产品。

1.国家明令淘汰的产品

国家明令淘汰的产品是指国务院及其有关部门通过颁发决定、命令的形式，公开淘汰某项产品或者产品的某个型号。对于国家明令淘汰的产品，国家都要颁布具体的淘汰时间，在这个时间以后，禁止销售该淘汰产品。

国家明令淘汰并停止销售的产品，销售者不得继续销售，这是销售者必须履行的产品质量义务。销售者应当经常关注国家有关这方面的决定和命令,对自己的进货产品及时加以调整。对于国家明令淘汰的产品,销售者已经进货的,应当停止销售,并对淘汰的产品加以退货或销毁处理。如果销售者在国家规定的时间以后仍然继续销售淘汰产品的,有关执法部门则要对所销售的产品加以没收,并处违法销售产品货值金额等值以下的罚款,有违法所得的,还要没收违法所得。

2.失效、变质的产品

销售者不得销售失效、变质的产品。失效是指产品失去了本来应当具有的效力、作用。变质是指产品内在质量发生了本质性的物理、化学变化,失去了产品应当具备的使用价值。法律规定禁止销售失效、变质的产品。销售者违反了这一法定义务,要承担相应的法律责任;造成人身、财产损害的,要承担赔偿责任;构成犯罪的,要依法追究刑事责任。

(四)销售者销售的产品的标识应当符合法律规定的要求

销售者在进货时,应认真执行进货检查验收制度,特别是要检查产品的标识是否符合法律的规定,对于标识符合法律规定的要求的产品可以验收进货,对于标识不符合法律规定的要求的产品,则应拒收。销售者在把好进货关的同时,也应采取措施保持产品的标识能够符合法律规定的要求,不得擅自将产品的标识加以涂改,特别是限期使用的产品,不能为了经济利益而改变产品的安全使用期或者失效日期。销售者由于对于所进的产品不能做到逐一检验,因而,在销售过程中,应当对所销售产品的标识经常进行检查,发现不符合法律规定的,要及时撤下柜台,以保证销售产品的标识符合法律的规定。

(五)不得伪造产地,不得伪造或者冒用他人的厂名、厂址

1.不得伪造产地

伪造产地,是指销售者对产品原有的标识进行篡改或者变造,即在产品或者包装上标注假的产地。如销售者所进的皮鞋是宁波生产的,销售者为了便于销售,将该皮鞋产地改标为上海。这就是一种伪造产地的行为。伪造产品产地的行为,是一种欺骗消费者的行为,违反了诚实信用这一法律的基本原则,是法律禁止的行为之一。

2.不得伪造或者冒用他人的厂名、厂址

伪造厂名、厂址,是指使用非法制作的,或者是编造的标有其他生产者厂名、厂址的标识。即在产品或其包装上标注虚假的厂名、厂址,即根本不存在的厂名、厂址。

冒用他人的厂名、厂址,是指未经他人许可而擅自使用他人的厂名和厂址的标识。

伪造或者冒用行为既坑害了消费者,同时又侵害了他人的名誉权、名称权,构成侵权行为。因此,法律对销售者规定了严格的义务,销售者必须认真履行,违反了这一义务性规定,就要承担相应的法律责任。

(六)销售者不得伪造或者冒用认证标志等质量标志

伪造,是指非法制作、编造实际上并不存在的质量标志;冒用,是指未取得认证标志等质量标志,而谎称取得,并擅自使用相应质量标志。根据本条规定,这两种行为都是法律所禁止的。

(七)不得掺杂、掺假,不得以假充真、以次充好,不得以不合格产品冒充合格产品

1.销售者销售产品,不得掺杂、掺假

"掺杂、掺假"是指销售者在产品中掺入杂质或者造假,致使产品中有关物质的成分或者含量不符合国家有关法律、法规、标准规定的欺骗行为。

2.销售者销售产品,不得以假充真、以次充好

"以假充真"是指销售者以牟取非法利润为目的,用一种产品冒充另一种与其特征、特性不同的产品的欺骗行为;"以次充好"是指销售者以低等级、低档次的产品,冒充高等级、高档次的产品的欺骗行为,也包括用废、旧、弃产品冒充新产品的行为。

3.销售者销售产品,不得以不合格产品冒充合格产品

以不合格产品冒充合格产品,是对消费者的欺骗行为,掺杂、掺假、以假充真、以次充好、以不合格产品冒充合格产品,这几种违法行为,是销售假冒伪劣产品违法行为的重要表现形式。其行为的目的,都是为了牟取非法利润,客观上造成对消费者的欺骗,严重扰乱了正常的市场经济秩序,造成了消费者的财产损失,甚至会危及消费者的人身安全。因此,这三种行为是法律所严格禁止的,违反者要承担相应的法律责任。

五、产品质量损害赔偿责任

(一)对缺陷产品本身及其造成损失的赔偿

售出的产品有下列情形之一的,销售者应当负责修理、更换、退货,给购买产品的用户、消费者造成损失的,销售者应当赔偿损失。

(1)不具有产品应当具备的使用性能而事先未进行说明的。

(2)不符合在产品或者其包装上注明采用的产品标准的。

(3)不符合以产品说明、实物样品等方式表明的质量状况的。

（二）对缺陷产品造成人身、他人财产损害的赔偿责任

缺陷，是指产品存在危及人身、他人财产安全的不合理的危险；产品有保障人体健康、人身、财产安全的国家标准、行业标准的，是指不符合该标准。

被损害的人可以向产品的生产者要求赔偿，也可以向产品的销售者要求赔偿

（三）赔偿范围

1.人身伤害赔偿

（1）医疗费、治疗期间的护理费、因误工减少的收入等费用。

（2）造成残疾的，还包括残疾者生活自助费、生活补助费、残疾赔偿金以及由其扶养的人所必需的生活费等费用。

（3）造成受害人死亡的，并应当支付丧葬费、死亡赔偿金以及由死者生前扶养的人所必需的生活费等费用。

2.财产损失

（1）应当恢复原状或者折价赔偿。

（2）赔偿损失。

（四）对缺陷产品造成损害的免责条件

因产品存在缺陷造成人身、缺陷产品以外的其他财产损害的，生产者应当承担赔偿责任。但生产者能够证明有下列情形之一的，不承担赔偿责任。

（1）未将产品投入流通的。

（2）产品投入流通时，引起损害的缺陷尚不存在的。

（3）将产品投入流通时的科学技术水平尚不能发现缺陷的存在的。

（五）时效

诉讼时效期间为二年，自当事人知道或者应当知道其权益受到损害时算起。因产品存在缺陷造成损害要求赔偿的请求权，在造成损害的产品交付最初用户、消费者满十年丧失，但尚未超过明示的安全使用期的除外。

六、产品质量责任的归责原则

产品责任的归责原则，是指据以确定产品的生产者和销售者承担产品责任的基本准则。《产品质量法》采取了产品责任的二元归责原则，既适用无过错责任原则，也适用过错责任原则，但以无过错责任原则为主导。对于不同的责任主体承担不同种类的赔偿责任，则采用了多种归责方法。

（一）无过错责任原则的适用

在我国产品责任法中，无过错责任原则适用于下列情形。

（1）生产者和销售者的直接责任（表面责任）。无论是缺陷产品的生产者还是销售者，对直接责任（表面责任）的承担均适用无过错责任原则，即只要因使用、消费缺陷产品而受到损害的受害人向该产品的生产者、销售者主张赔偿，生产者与销售者不得以无过错主张免责，受害人也无须证明被告的过错。即使是无过错的销售者，也应首先承担直接责任。

（2）生产者的最终责任（实质责任）。无过错的销售者向受害者承担直接责任（表面责任）之后，得向生产者追偿，由生产者承担最终责任。销售者只需证明缺陷、损害以及二者之间的因果关系，而无须证明生产者的过错。因此，生产者的最终责任属于无过错责任。如果受害者直接向生产者主张赔偿，在大多数情形下生产者在承担直接责任的同时也承担了最终责任，这也是适用无过错责任原则。

凡适用无过错责任作为侵权行为的归责原则，法律一般都规定相应的免责条件。如果加害人以法定的免责条件进行抗辩，应当举证。

（1）法定免责条件之存在。

（2）免责条件适用于该案。

《产品质量法》第四十一条的规定，生产者能够证明下列情形之一的，不承担赔偿责任。

（1）未将产品投入流通的。

（2）产品投入流通时，引起损害的缺陷尚不存在的。

（3）将产品投入流通时的科学技术水平尚不能发现缺陷的存在的。

《产品质量法》规定的上述三个免责条件外，还有一些其他免责条件。

（1）被告未从事此产品的生产、销售或其他经营活动。

（2）受害人的过错，包括误用、滥用、过度使用、不听警示进行改装、拆卸等。

（二）过错责任原则的适用

在我国产品责任法中，过错责任原则适用于下列情形。

1.销售者的最终责任

由于销售者的过错使产品存在缺陷，销售者应承担最终责任。于此情形，如果销售者承担了直接责任，则不得再向生产者追偿；如果生产者承担了直接责任，生产者则可通过证明缺陷是由于销售者的过错所致，而向销售者追偿。但是，销售者不能指明缺陷产品的生产者也不能指明缺陷产品的供货者的，销售者

即被视为生产者，其对最终责任之承担由适用过错责任原则转化为适用无过错责任原则。

2.运输者、仓储者及中间供货人的最终责任

运输者、仓储者以及介于生产者与销售者之间的中间供货人不是直接责任的承担者，但如果产品的缺陷是因其过错所致，生产者或销售者在承担了无过错的直接责任之后，则可向有过错的运输者、仓储者或中间供货人追偿。运输者、仓储者及中间供货人对这种最终责任之承担所适用的归责原则是过错责任。

七、产品质量监督管理

（一）工业产品生产许可制度

工业产品生产许可证管理的产品，主要是直接关系公共安全、人体健康、生命财产安全的重要工业产品。实行生产许可制度的产品范围如图9-5所示。

范围一	对生产直接关系人体健康的加工食品，如：乳制品、肉制品、饮料、米、面、食用油、酒类等
范围二	对可能危及人身、财产安全的产品，如：电热毯、压力锅、燃气热水器等
范围三	对关系金融安全和通信质量安全的产品，如：税控收款机、防伪验钞仪、卫星电视广播地面接收设备、无线广播电视发射设备等
范围四	对保障劳动安全的产品，如：安全网、安全帽、建筑扣件等
范围五	对影响生产安全、公共安全的产品，如：电力铁塔、桥梁支座、铁路工业产品、水工金属结构、危险化学品及其包装物、容器等
范围六	法律法规规定实行生产许可证管理的其他产品

图9-5　实行生产许可制度的产品范围

在中华人民共和国境内从事生产、销售或在经营活动中使用列入生产许可证目录的产品，都要实行生产许可制度管理。任何企业未取得生产许可证不得生产列入目录的产品。任何单位和个人不得销售或者在经营活动中使用未取得生产许可证的产品。

（二）产品质量的监督检查制度

产品质量的监督检查是指国务院产品质量监督部门及地方产品质量监督部门，依据国家有关法律、法规和规章的规定，以及同级人民政府赋予的行政职权，对生产、流通领域的产品质量，代表政府实施的一种具有监督性质的检查活动。产品质量监督检查的对象如图9-6所示。

对象一	可能危及人体健康和人身、财产安全的产品，主要是指食品、药品、医疗器械、压力容器、易燃易爆产品等
对象二	影响国计民生的重要工业产品，主要是指农药、化肥、建筑用钢筋、水泥以及计量器具等
对象三	消费者、有关组织反映有质量问题的产品，主要是指假冒伪劣产品，即掺杂、掺假，以假充真，以次充好，以不合格产品冒充合格产品等
对象四	获得各种质量证书、标志的产品

图9-6　产品质量监督检查的对象

（三）产品质量标准制度

《产品质量法》第十三条的规定，可能危及人体健康和人身、财产安全的工业产品，必须符合保障人体健康和人身、财产安全的国家标准、行业标准；未制订国家标准、行业标准的，必须符合保障人体健康和人身、财产安全的要求。禁止生产、销售不符合保障人体健康和人身、财产安全的标准和要求的工业产品。

（四）企业质量体系认证

企业质量体系认证制度，是指国务院产品质量监督管理部门或者由它授权的部门认可的认证机构，依据国际通用的"质量管理和质量保证"系列标准，对企业的质量体系和质量保证能力进行审核合格，颁发企业质量体系认证证书，以资证明的制度。

（五）产品质量认证制度

产品质量认证，是依据产品标准和相应技术要求，经国家认证机构确认并通过颁发认证证书和认证标志来证明某一产品符合相应标准和技术要求的活动。

产品质量认证的自愿性原则。

(六)产品召回制度

召回制度是指流通中的产品存在缺陷,可能会导致损害发生的情况下,产品的生产经营者采取发布公告通知等措施敦促消费者交回缺陷产品,经营者采取有效措施,消除缺陷防止危害发生的一种事先救济制度。

其特征是一种事先救济,也是一种质量担保补充形式:产品一旦被召回,将追溯至缺陷产品开始销售之时,所有流通的缺陷产品都划入召回之列。

我国产品召回制度目前只限汽车。具体的法规有《缺陷汽车产品召回管理规定》(2004年10月10日实施)、《缺陷汽车产品召回专家库建立与管理办法》、《缺陷汽车产品召回信息系统管理办法》。

八、违反产品质量义务的法律责任

违反产品质量义务的法律责任即产品质量责任,是指生产者、储运者、销售者以及对产品质量负有直接责任的人违反产品质量义务应承担的法律后果。其种类主要有以下三种。

(一)民事责任

违反产品质量义务的民事责任包括违约责任与侵权责任两种。

1.违约责任

即产品的生产者、销售者违反明示或默示担保的产品质量要求而依合同法原理应承担的瑕疵担保责任,通常为交付的产品不符合法律规定或合同约定的质量条件。产品质量违约责任成立的条件是:当事人之间应存在合同关系;生产者、销售者履行的标的不符合法律规定或合同约定的质量要求;生产者、销售者在主观上有过错。依《产品质量法》的有关规定,生产者、销售者应承担的违约责任主要有:生产者应当对其生产的产品质量负责,在没有额外说明的情况下,生产者对其生产的产品承担瑕疵担保责任;销售者售出的产品不具备产品应当具备的使用性能而事先未作说明或不符合在产品或者其包装上注明采用的产品标准、不符合以产品说明、实物样品等方式表明的质量状况的,应当负责修理、更换、退货,给购买产品的用户、消费者造成损失的,销售者应当赔偿损失。销售者承担上述责任后,如果该责任依法应由生产者或向销售者提供产品的其他销售者承担时,销售者有权向生产者、其他销售者追偿。

2.侵权责任

侵权责任又称产品质量侵权责任,是指生产者、销售者因产品存在缺陷而造成他人人身、缺陷产品以外的其他财产损害时,应当承担的赔偿责任。这种责任的构成要件如图9-7所示。

要件一	产品存在缺陷。缺陷是指产品存在危及人身、财产安全的不合理危险,产品有人体健康、人身财产安全的国家标准、行业标准的,是指不符合该标准。具体而言包括设计上的缺陷、制造上的缺陷和指示上的缺陷
要件二	产品缺陷在销售时已经存在。产品的生产者或销售者将产品作为交易客体时,应使产品具有消费者或他人可期待的安全性,如在投入流通时不消除质量缺陷,则应承担责任
要件三	损害事实存在。即由于产品缺陷已经给他人人身或缺陷产品以外的其他财产造成损害
要件四	产品缺陷与损害事实之间有因果关系

图9-7 责任的构成要件

依据《产品质量法》第四十二条的规定,消费者因生产者、销售者的产品缺陷遭受人身、财产损害时,生产者、销售者应承担连带责任。

(1)因产品存在缺陷造成受害人财产损失的,应当恢复原状或折价赔偿,受害人因此遭受的其他重大损失,侵害人应当赔偿损失。

(2)因产品缺陷造成人身伤害的,侵害人应当赔偿医疗费、因误工减少的收入、残废者生活补助费等费用。

(3)造成受害人死亡的,并应当支付丧葬费、抚恤费、死者生前抚养的人必要的生活费等费用。

(二)行政责任

行政责任包括对生产者、销售者的行政处罚和对个人责任者给予的行政处分,例如限期整顿、责令停产、撤销生产许可证、吊销营业执照、没收非法收入、罚款以及警告、记过、开除等。

(三)刑事责任

刑事责任即对由于产品质量的原因造成人身伤亡、财产损害触犯刑律的,对责任人应追究刑事责任。司法实践中,依据《产品质量法》第五章的规定,违反《产品质量法》的刑事责任主要发生在以下场合。

(1)生产、销售假药、劣药,已经危害或足以危害人体健康的。

(2)生产、销售不符合卫生标准的食品,造成严重食物中毒事故的。

(3)在食品、饮料、酒类中掺入有毒、有害物质,造成伤亡事故的。

(4)生产销售假农药、假化肥、假种子,造成严重后果的。

（5）生产或销售不符合卫生标准的化妆品和不符合保障人身健康、财产安全标准的医疗器械、医用卫生材料、电器、压力容器、易燃易爆产品等。

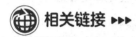 **相关链接** ▶▶▶

判定产品质量责任的依据

我国《产品质量法》所规定的判定产品质量责任的依据，主要包括三个方面。

一、违反默示担保

即违反国家法律、法规规定的产品质量要求。产品必须符合安全、卫生要求，具备应有的使用性能。法律、法规规定产品质量必须满足的条件，不得以任何形式予以排除和限制。

二、违反明示担保

即违反明示采用的产品质量标准以及以合同、产品说明、实物样品等方式表明的质量状况。明示担保是生产者、销售者自身对产品质量作出的保证和承诺，可以用产品说明、标识、预先预告、样品等方式表示。

三、产品质量缺陷

即产品存在危及他人人身、财产安全的不合理的危险或不符合有关标准，并且造成了用户或消费者的人身伤害或财产损失。

产品质量有符合上述三个方面情形之一的，生产者、销售者应当依法承担责任。但要注意的是，对于违反默示担保和明示担保的，不论是否造成损害后果，生产者、销售者均要承担责任。对于产品质量缺陷的情形只有造成了损害后果，才能承担赔偿责任。

 侯律师说法

经典案例

2010年9月，某市工商分局接到群众举报，反映本市××村有人在制造并销售"三假"月饼（假厂址、假厂名、质量掺假），该局立即组织人员进行调查，当场查获大量冒充桂林市、深圳市及广州市一些著名品牌制作的包装盒、合格证和用不卫生的果仁、黑芝麻等做成的月饼5000多个，已装盒2000多盒。该分局立即对这些"三假"月饼予以没收并立案调查。调查结果，制造并销售"三假"月饼的案犯是广东的陈某。他自2007年来岳阳从事糕点加工，当年8月份开始制造月饼。据陈某交代：他生产月饼，用的包装盒分别是通过熟人在深圳、广州等地购买的，产品合格证是他自己在印刷厂印刷的，月饼有的是从自由市场上买的，有的是他本人用变质的果仁、黑芝麻为原料制作的。他将这些月饼买来或作好，雇用工人在一间租用的偏僻房间里进行装盒加工，贴上冒用他人的厂名、厂址及伪造的合格证书，然后以6.50～88元/盒不等的价格在市场上出售牟取暴利。

案例评析

本案涉及对假冒伪劣产品的认定及处理。

我国《产品质量法》第5条规定："禁止伪造或者冒用认证标志等质量标志；禁止伪造产品的产地，伪造或者冒用他人的厂名、厂址；禁止在生产、销售的产品中掺杂、掺假，以假充真，以次充好。"本案中陈某不仅制造"三假"月饼（假厂址、假厂名、质量掺假），而且冒充他人的厂名、厂址大量制作包装盒、伪造合格证等，然后在市场上销售牟取暴利，严重违反了《产品质量法》第5条对生产、销售假冒伪劣产品行为的禁止性规定。

根据《产品质量法》第50条的规定，岳阳市南区工商分局不仅可以对陈某的月饼予以没收，而且应责令其停止生产、销售，并处违法生产、销售产品货值金额百分之五十以上三倍以下的罚款；有违法所得的，并处没收违法所得；情节严重的，吊销营业执照；构成犯罪的，依法追究刑事责任。

第十章
消费者权益保护法的法律常识

消费者权益保护法是维护全体公民消费权益的法律规范的总称，是为了保护消费者的合法权益，维护社会经济秩序稳定，促进社会主义市场经济健康发展而制定的一部法律。

2014年3月15日，由全国人大修订的新版《中华人民共和国消费者权益保护法》（简称"新消法"）正式实施。《消费者权益保护法》分总则、消费者的权利、经营者的义务、国家对消费者合法权益的保护、消费者组织、争议的解决、法律责任、附则8章63条。

一、有关消费者权益保护的术语

（一）消费

消费，是指为生活消费需要购买、使用商品或者接受服务。

（二）消费者权益

消费者权益，是指消费者依法享有的权利及该权利受到保护时而给消费者带来的应得的利益。权益的核心是消费者的权利。权益就是必须要用权力来保护的，应该实现的这种利益。

（三）消费者权益保护法

消费者权益保护法，是指调整在保护消费者权益过程中发生的经济关系的法律规范的总称。消费者权益保护法由于其现代性及社会公益性的特征尤为突出，因此，它是经济法的重要部门法。

二、消费者权利的具体内容

消费者的权利，是指由国家法律通常是由一国的消费者权益基本法所确认的，在消费领域消费者能够做出或不做出一定行为，以及其要求经营者相应做出或不做出一定行为的许可和保障。

消费者的具体权利如下。

（一）保障安全权

保障安全权是消费者最基本的权利。它是消费者在购买、使用商品和接受服务时所享有的保障其人身、财产安全不受损害的权利。消费者的保障安全权包括人身安全权和财产安全权。其主要表现为三点，如图10-1所示。

表现一	经营者提供的商品应具有合理的安全性，不得提供有可能对消费者人身及财产造成损害的不合格产品或服务
表现二	经营者提供的服务必须有可靠的安全保障
表现三	经营者提供的消费场所应当具有必要的安全保障

图10-1 保障安全权的主要表现

消费者保障安全权的实现主要是通过国家制订卫生、安全等标准，并加强监督检查来实现的。

（二）知悉真情权

知悉真情权，或称获取信息权、知情权、了解权，是消费者享有的知悉其购买、使用的商品或接受的服务的真实情况的权利。根据我国消费者权益保护法的规定，消费者知情权的内容主要包括图10-2所示的几个方面。

内容一	关于商品或服务的基本情况。如商品的名称、商标、产地、生产者名称、生产日期，服务的内容、规格、费用等
内容二	关于商品的技术状况。主要包括商品的用途、性能、规格、等级、所含成分、有效期限、使用说明书、检验合格证等
内容三	关于商品或服务的价格以及商品的售后服务情况

图10-2 消费者知情权的内容

知情权作为消费者的一项法定权利，其实现受到法律的严格保护。根据消费者权益保护法的规定，消费者可以通过图10-3所示的方式来实现自己的知情权。

方式一	消费者有权要求经营者按照法律、法规规定的方式标明商品或服务的真实情况
方式二	消费者有权向经营者询问和了解商品或服务的有关情况，经营者有义务回答
方式三	消费者因被人欺诈或引人误解的宣传而与经营者交易的，有权主张该交易无效

图10-3 消费者实现知情权的方式

（三）自主选择权

选择权即消费者享有的自主选择商品或服务的权利，是民法中平等自愿原则在消费交易中的具体表现。其内容包括图10-4所示的几个方面。

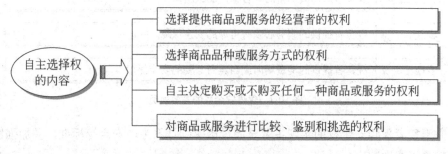

图10-4 自主选择权的内容

此外,《反不正当竞争法》规定:经营者销售商品,不得违背购买者的意愿搭售商品或其他不合理的条件,不得进行欺骗性的有奖销售或以有奖销售为手段推销质次价高的商品或进行巨奖销售;政府及其部门不得滥用权力限定他人购买其指定的经营者的商品,限制外地商品进入本地或本地产品流向外地,也是消费者选择权的有力保护。

在消费者行使其自主选择权时,有两个问题应予以注意:第一,必须合法行使,不得滥用自主选择权,即其选择权的行使必须符合法律的规定,尊重社会公德,不侵害国家、集体和他人的利益。第二,消费者的自主选择权并不排除经营者向消费者进行商品、服务的介绍和推荐。

(四)公平交易权

消费者的公平交易权,是指消费者在与经营者之间进行的消费交易中享有的获得公平的交易条件的权利。根据《消费者权益保护法》第十条的规定,公平交易包括图10-5所示的内容。

内容一	关于商品和服务的质量

消费者有权要求其符合国家规定的标准或者与生产经营者约定的标准,不致因质量低劣而妨碍消费。如果经营者提供的商品或者服务不符合规定的质量要求,消费者有权要求修理、更换、退货、降价等

内容二	关于商品和服务的价格

消费者有权要求生产经营者执行国家的价格政策、法规或按质论价,商品价格或服务费用合理,不因乱涨价或乱收费而受到经济利益损失

内容三	关于商品和服务的计量

消费者有权要求生产经营者计量准确、足量,不致因短尺少秤而遭受经济利益损害。生产经营者更应自觉守法,遵守职业道德,不在计量上弄虚作假。对于工厂包装的产品,消费者有权要求其注明净重量或容量,并与实际相符;交易时计量的商品,消费者有权查明度量、衡器是否准确,有权看秤、复秤,对不足分量者有权要求退货或退回多收的价款

图10-5 消费者的公平交易权的内容

(五)依法求偿权

依法求偿权是一旦当消费者的权利受到侵害以后,它可以要求予以赔偿的权利。即消费者在因购买、使用商品或接受服务受到人身、财产损害时,依法享有

的要求并获得赔偿的权利。

1. 享有求偿权的主体

（1）商品的购买者、使用者。

（2）服务的接受者。

（3）第三人，指消费者之外的因某种原因在事故发生现场而受到损害的人。

2. 求偿的内容

（1）人身损害的赔偿，无论是生命健康还是精神方面的损害均可要求赔偿。

（2）财产损害的赔偿，依照消费者权益保护法及合同法等相关法律的规定，包括直接损失及可得利益的损失。

3. 行使求偿权的方法

消费者行使求偿权的方法，可以是向责任者直接提出损失赔偿请求，也可以是向管理机关、仲裁机关、司法机关提出损失赔偿请求。

（六）依法结社权

消费者的依法结社权，是指消费者享有的依法成立维护自身合法权益的社会团体的权利。

消费者结社权包括两方面的内容。

（1）有权要求国家、政府建立代表、保障消费者合法权益的职能部门。

（2）消费者有权自己建立自己的组织——消费者协会。

（七）接受教育权

接受教育权，也称为获取知识权，是消费者所享的获得有关消费和消费者权益保护方面的知识的权利。消费者的接受教育权的内容主要包括图10-6所示的两方面。

内容一	获得消费知识教育的权利
	即关于商品、服务、市场、消费心理等方面的知识，具体即与消费者正确地选购、公平的交易、合理地使用商品或者接受服务有关的知识

内容二	获得消费者权益保护知识教育的权利
	主要是指消费者权益保护方面的知识，涉及消费者权利、经营者义务消费者在其合法权益受到侵害时应如何保护自己，消费者在行使权利过程中应注意的问题等

图10-6　消费者接受教育权的内容

（八）获得尊重权

获得尊重权，是指消费者在购买、使用商品和接受服务时所享有的其人格尊严、民族风俗习惯得到尊重的权利。尊重消费者的人格尊严和民族习俗，是社会文明进步的表现，也是尊重和保障人格的重要内容。

消费者的受尊重权分为消费者的人格尊严受尊重和民族风俗习惯受尊重两部分。前者主要是指消费者在购买、使用商品和接受服务时所享有的姓名、名誉、荣誉、肖像等人格不受侵犯的权利。消费者的民族风俗习惯获得尊重，是指在消费时其民族风俗习惯不受歧视、不受侵犯，并且经营者应当对其民族风俗习惯予以充分的尊重和理解，在可能的情况下，应尽量满足其带有民族意蕴的特殊要求。

（九）监督批评权

消费者的监督批评权，是指消费者对于商品和服务以及消费者保护工作进行监察和督导的权利。其内容如下。

（1）对于国家有关部门执行政策法规不力，或者在日常工作中不注意维护消费者合法权益的，消费者有权提出质询、批评或建议。

（2）对于生产经营者从事有损消费者利益的行为，消费者有权要求国家有关机关依法查处，当消费者的利益受到损害时，有权通过报刊。电台、电视台等大众传播媒介进行声援，对有关的生产经营者和国家机关的违法失职行为予以"曝光"和批评。

三、经营者的义务

经营者是向消费者提供其生产、销售的商品或者提供服务的公民、法人或者其他经济组织，他是以营利为目的从事生产经营活动并与消费者相对应的另一方当事人。

在消费法律关系中，消费者的权利就是经营者的义务。为了有效地保护消费者的权益，约束经营者的经营行为，消费者保护法不仅专章规定了消费者的权利，还专章规定了经营者的义务。

《消费者权益保护法》第十六条的规定，经营者向消费者提供商品或者服务，应当依照《中华人民共和国产品质量法》和其他的有关法律、法规履行义务。经营者与消费者有约定的，应当按照约定履行义务，但双方的约定不得违背法律、法规的规定。具体义务包括表10-1所示内容。

表10-1 经营者的义务

序号	义务	具体说明
1	履行法定义务及约定义务	经营者向消费者提供商品和服务,应依照法律、法规的规定履行义务。双方有约定的,应按照约定履行义务,但双方的约定不得违法
2	接受监督的义务	经营者应当听取消费者对其提供的商品或服务的意见,接受消费者的监督
3	保证商品和服务安全的义务	经营者应当保证其提供的商品或服务符合保障人身、财产安全的要求。经营者应当做到: (1)对可能危及人身、财产安全的商品和服务,应做出真实说明和明确的警示,标明正确使用及防止危害发生的方法 (2)经营者发现其提供的商品或者服务存在严重缺陷,即使正确使用或接受服务仍然可能对人身、财产造成危害的,应立即向政府有关部门报告和告知消费者,并采取相应的防范措施
4	提供真实信息的义务	经营者应当向消费者提供有关商品和服务的真实信息,不得做引人误解的虚假宣传。真实的信息是消费者自主选择商品或服务的前提和基础,经营者不得以虚假宣传误导甚至欺骗消费者。对消费者关于质量、使用方法等问题的询问,经营者应做出明确的、完备的、符合实际的答复。此外,商店提供商品应明码标价,即明确单位数量的价格,以便于消费者选择,同时防止经营者在单位数量或重量价格上随意更改
5	标明真实名称和标记的义务	经营者应当标明其真实名称和标记。租赁他人柜台或者场地的经营者,应当标明其真实名称和标记。经营者的名称和标记,其主要功能是区别商品和服务的来源。如果名称和标记不实,就会使消费者误认,无法正确选择喜欢或信任的经营者。在发生纠纷时,则无法准确地确定求偿主体。对租赁柜台或场地的行为,该条强调承租方有义务标明自己的真实名称和标记,目的在于区分承租方和出租方,一旦发生责任问题,便于确定责任承担者
6	出具凭证或单据的义务	经营者提供商品或者服务,应按照国家规定或商业惯例向消费者出具购货凭证或者服务单据;消费者索要购货凭证或者单据的,经营者必须出具
7	保证质量的义务	经营者有义务保证商品和服务的质量。该义务体现在两个方面: (1)经营者应当保证在正常使用商品或者接受服务的情况下其提供的商品或者服务应当具有的质量、性能、用途和有效期限;但消费者在购买该商品或者接受服务前已经知道其存在瑕疵的除外 (2)经营者以广告、产品说明、实物样品或者其他方式表明商品或者服务的质量状况的,应当保证提供的商品或者服务的实际质量与表明的质量状况相符
8	履行"三包"或其他责任的义务	经营者提供商品或者服务,按照国家规定或者与消费者的约定,承担包修、包换、包退或者其他责任的,应当按照规定或者约定履行,不得故意拖延或者无理拒绝。这里的包修、包换、包退就是人们常说的"三包"。国家对少数商品(主要是涉及大多数消费者利益及关系人身、财产安全的商品)实行三包,目的在于促使企业重视提高产品质量,切实保护用户和消费者的人身、财产安全

序号	义务	具体说明
9	不得单方做出对消费者不利规定的义务	经营者不得以格式合同、通知、声明、店堂告示等方式做出对消费者不公平、不合理的规定,或者减轻、免除其损害消费者合法权益应当承担的民事责任。格式合同是经营者单方拟定的,消费者或者只能接受,而无改变其内容的机会;或者只能拒绝,但却无法实现或难以实现消费需求,当该经营者处于独家垄断时更是如此。经营者做出的通知、声明、店堂告示等亦属于单方意思表示,侧重于保护经营者的利益。因此,在上述情况下,经营者的格式合同、通知、声明、店堂告示等含有对消费者不公平、不合理规定的,或者减轻、免除其损害消费者合法权益应当承担的民事责任的,其内容无效
10	不得侵犯消费者人格权的义务	消费者的人格尊严和人身自由理应依法获得保障。经营者不得对消费者进行侮辱、诽谤,不得搜查消费者的身体及其携带的物品,不得侵犯消费者的人身自由

四、侵犯消费者合法权益的法律责任

法律责任是经营者违反保护消费者的法律规定的或经营者与消费者约定的义务而依法应当承担的法律后果。

(一)消费者争议的解决途径

各类争议的解决,大略都有协商、调解、仲裁、诉讼等基本的解决途径,消费者权益争议也与此类似。根据我国《消费者权益保护法》第三十九条的规定,消费者与经营者发生消费者权益争议的,可以通过下列途径解决。

(1)与经营者协商和解。

(2)请求消费者协会调解。

(3)向有关行政部门申诉。

(4)根据与经营者达到的仲裁协议提请仲裁机构仲裁。

(5)向人民法院提起诉讼。

在选择具体的争议解决途径时,消费者往往能够做出理性的选择,尤其是要权衡争议的解决成本,考虑交易费用。因此,哪种途径在总体上对于当事人的利益较大,消费者就可能会选择哪种解决途径。

(二)最终承担损害赔偿责任的主体的确定

1. 由生产者、销售者、服务者承担

不同情况下追偿的对象如图10-7所示。

情况一　消费者在购买、使用商品时，其合法权益受到损害的

可以向销售者要求赔偿。销售者赔偿后，属于生产者的责任或者属于向销售者提供商品的其他销售者的责任的，销售者有权向生产者或者其他销售者追偿

情况二　消费者或者其他受害人因商品缺陷造成人身、财产损害的

可以向销售者要求赔偿，也可以向生产者要求赔偿。属于生产者责任的，销售者赔偿后，有权向生产者追偿。属于销售者责任的，生产者赔偿后，有权向销售者追偿

情况三　消费者在接受服务时，其合法权益受到损害的

可以向服务者要求赔偿

情况四　消费者在展览会、租赁柜台购买商品或者接受服务，其合法权益受到损害的

可以向销售者或者服务者要求赔偿。展览会结束或者柜台租赁期满后，也可以向展览会的举办者、柜台的出租者要求赔偿。展览会的举办者、柜台的出租者赔偿后，有权向销售者或者服务者追偿

图10-7　不同情况下追偿的对象

2.由变更后的企业承担

消费者在购买、使用商品或者接受服务时，其合法权益受到损害，因原企业分立、合并的，可以向变更后承受其权利义务的企业要求赔偿。

3.由营业执照的使用人或持有人承担

使用他人营业执照的违法经营者提供商品或者服务，损害消费者合法权益的，消费者可以向其要求赔偿，也可以向营业执照的持有人要求赔偿。

4.由从事虚假广告行为的经营者和广告的经营者承担

消费者因经营者利用虚假广告提供商品或者接受服务，其合法权益受到损害的，可以向经营者要求赔偿。广告的经营者发布虚假广告的，消费者可以请求行政主管部门予以惩处。广告的经营者不能提供经营者的真实名称、地址的，应当承担赔偿责任。

（三）经营者承担责任的方式一：民事责任

1.经营者应承担民事责任的情形

根据《消费者权益保护法》第四十条的规定，经营者提供商品或服务有下列情形之一的，除本法另有规定外，应当依照《产品质量法》和其他有关法律、法

规的规定，承担民事责任，具体如图10-8所示。

- 情形一　商品存在缺陷的
- 情形二　不具备商品应具有的使用性能而出售时未作说明的
- 情形三　不符合在商品上或者其包装上注明采用的商品标准的
- 情形四　不符合商品说明、实物样品等方式表明的质量状况的
- 情形五　生产国家明令淘汰的商品或销售失效、变质的商品的
- 情形六　销售商品数量不足的
- 情形七　服务的内容和费用违反约定的
- 情形八　对消费者提出的修理、重作等要求，故意拖延或者无理拒绝的

图10-8　承担民事责任的情形

2．经营者民事责任的具体承担

（1）侵犯人身权的民事责任。我国《消费者权益保护法》第四十九条到第五十一条对侵犯人身权的民事责任作了专门规定，其主要内容见表10-2。

表10-2　侵犯人身权的民事责任

序号	责任	具体规定
1	致人伤害的民事责任	经营者提供的商品或者服务，造成消费者或者其他受害人人身伤害的，应当支付医疗费、治疗期间的护理费、因误工减少的收入等费用，造成残疾的，还应当支付残疾者生活自助用具费、生活补助费、残疾赔偿金以及由死者生前扶养的人所必需的生活费用等
2	致人死亡的民事责任	经营者提供商品或者服务，造成消费者或者其他受害人死亡的，应当支付丧葬费、死亡赔偿金以及由死者生前扶养的人所必需的生活费等费用
3	侵害人格尊严或侵犯人身自由的民事责任	经营者侵害消费者的人格尊严或者侵犯消费者人身自由的，应当停止侵害、恢复名誉、消除影响、赔礼道歉，并赔偿损失

（2）侵犯财产权的民事责任。我国《消费者权益保护法》第四十八条对侵犯财产权的民事责任也作了专门的规定，其主要内容如下。

① 商品或者服务存在缺陷的。

② 不具备商品应当具备的使用性能而出售时未作说明的。
③ 不符合在商品或者其包装上注明采用的商品标准的。
④ 不符合商品说明、实物样品等方式表明的质量状况的。
⑤ 生产国家明令淘汰的商品或者销售失效、变质的商品的。
⑥ 销售的商品数量不足的。
⑦ 服务的内容和费用违反约定的。
⑧ 对消费者提出的修理、重作、更换、退货、补足商品数量、退还货款和服务费用或者赔偿损失的要求，故意拖延或者无理拒绝的。
⑨ 法律、法规规定的其他损害消费者权益的情形。

（四）经营者承担责任的方式二：行政责任

我国《消费者权益保护法》不仅规定了违法经营者的民事责任，还规定了违法经营者应承担的行政责任。

1.经营者应当承担行政责任的情形

根据《消费者权益保护法》第五十六条的规定，经营者有图10-9所列行为之一的，就应当承担行政责任。

情形一	生产、销售的商品不符合保障人身、财产安全要求
情形二	在商品中掺杂、掺假、以假充真、以次充好，或者以不合格商品冒充合格商品的
情形三	生产国家明令淘汰的商品或者销售失效的、变质的商品的
情形四	伪造商品的产地、伪造或者冒用他人的厂名、厂址，伪造冒用认证标志、名优标志等质量标志的
情形五	销售的商品应当检验、检疫而未检验、检疫或者伪造检验、检疫结果的
情形六	对商品或者服务作引人误解的虚假宣传的
情形七	对消费者提出的修理、重作、更换、退货、补足商品数量、退还货款和费用或者赔偿损失的要求，故意拖延或者无理拒绝的
情形八	侵害消费者人格尊严或者侵犯消费者人身自由的
情形九	法律、法规规定的损害消费者权益应当予以处罚的其他情形

图10-9　经营者应当承担行政责任的情形

2.经营者行政责任的承担方式

若我国《产品质量法》和其他法律、法规对处罚机关和处罚方式有规定的，则应依照其规定执行；否则，由工商行政管理部门责令改正，可以根据情节单处或者并处警告、没收违法所得、处以违法所得1倍以上5倍以下的罚款，没有违法所得的，处以1万元以下的罚款；情节严重的，责令停业整顿、吊销营业执照。

3.经营者不服行政处罚的法律救济

经营者对上述处罚不服的，可以自收到处罚决定之日起15日内向上一级机关申请复议，对复议决定不服的，可以自收到复议决定书之日起15日内向人民法院提起诉讼，也可以直接向人民法院提起诉讼。

（五）经营者承担责任的方式三：刑事责任

经营者应当承担刑事责任的情形及责任形式，《消费者权益保护法》未作系统规定，仅在一些条文中提及。下面就我国《刑法》中所涉及的有关经营者侵害消费者合法权益的一些应承担刑事责任的情形作简要介绍，如图10-10所示。

情形	处理
经营者提供商品或者服务，造成消费者或者其他受害人人身伤害，构成犯罪的	依法追究刑事责任
以暴力、威胁等方法阻止有关行政部门工作人员依法执行职务的	依法追究刑事责任
拒绝、阻碍有关行政部门工作人员依法执行职务，未使用暴力、威胁方法的	由公安机关依照《中华人民共和国治安管理处罚条例》的规定处罚
国家机关工作人员有玩忽职守或者包庇经营者侵害消费者合法权益的行为的	由其所在单位或者上级机关给予行政处分，情节严重、构成犯罪的，依法追究刑事责任

图10-10 经营者侵害消费者合法权益应承担刑事责任的情形

 侯律师说法

经典案例

甲公司租赁乙公司大楼举办展销会，向众商户出租展台，消费者李某在其中丙公司的展台购买了一台丁公司生产的家用电暖器，使用中出现质量问题并造成伤害，李某索赔时遇上述公司互相推诿。

案例评析

《消费者权益保护法》第四十三条规定,消费者在展销会、租赁柜台购买商品或者接受服务,其合法权益受到损害的,可以向销售者或者服务者要求赔偿。展销会结束或者柜台租赁期满后,也可以向展销会的举办者、柜台的出租者要求赔偿。展销会的举办者、柜台的出租者赔偿后,有权向销售者或者服务者追偿。

因此,丙公司作为销售者,丁公司作为生产者,李某可以向这两个公司要求赔偿。展销会结束后,李某可以向展销会的举办者甲公司要求赔偿。乙公司并不是家用电暖器的生产者和销售者,也不是展销会的举办者,不属于责任主体。

第十一章

反不正当竞争法和反垄断法的法律常识

 引言 ▶▶▶

市场经济是竞争型经济,只要存在商品经济,就必然存在竞争。市场经济是有规制的竞争型经济。垄断是自由竞争的市场经济的发展结果,它是自由竞争的异化物,它是不公平竞争最为重要的外部原因,它使竞争主体的竞争环境恶化,致使公平竞争的基础受到严重破坏。因此,必须依反垄断法来禁止垄断和限制竞争的行为。

一、反不正当竞争法

不正当竞争行为是指经营者违反不正当竞争法的规定,损害其他经营者的合法权益,扰乱社会经济秩序的行为。

概括来讲,我国《反不正当竞争法》第二章主要规范以下11种不正当竞争行为。

（1）假冒仿冒行为。

（2）公用企业或其他依法具有独占地位的经营者限制竞争的行为。

（3）政府及其所属部门限制竞争的行为。

（4）商业贿赂行为。

（5）虚假宣传行为。

（6）侵犯商业秘密的行为。

（7）低价竞销的行为。

（8）附条件交易的行为。

（9）有奖销售中的不正当竞争的行为。

（10）商业诋毁行为。

（11）串标行为。

（一）假冒仿冒行为及法律责任

假冒仿冒行为又称商业混同行为,是指经营者对其所销售的商品和提供的服务采用假冒或模仿之类不正当手段,导致或足以导致消费者误认或误购目的的不正当竞争行为。

1.假冒仿冒行为的种类

假冒仿冒行为的种类见表11-1。

表11-1　假冒仿冒行为的种类

序号	类别	具体说明
1	假冒他人的注册商标	（1）未经商标注册人的许可,在同一商品、同一种服务或类似商品、类似服务上使用与其注册商标相同或相近似的商标 （2）伪造、擅自制造他人注册商标标识 （3）销售明知是假冒注册商标的商品等
2	侵犯知名商品特有权	擅自使用知名商品特有的名称、包装、装潢,或者使用与知名商品近似的名称、包装、装潢,造成和他人的知名商品相混淆,使购买者误认为是该知名商品 （1）被仿冒的商品名称、包装、装潢为知名商品所特有 （2）经营者的手段必须是擅自做相同或者近似的使用 （3）经营者行为会否引起购买者误认,造成与其他知名品牌商品相混淆

续表

序号	类别	具体说明
3	名称混同	（1）擅自使用他人的企业名称或姓名，引人误以为是他人的产品 （2）名称混同构成要件：被冒用的对象是他人的企业名称或者姓名；未经许可；导致人们对商品或服务来源误认后果（不要求实际后果）
4	虚假表示	在商品上伪造或者冒用认证标志、名优标志等质量标志，伪造产地，对商品质量作引人误解的虚假表示

2. 伪造或者冒用名优标志的违法行为

（1）未经组织评比名优的产品，经营者伪造名优标志在商品上使用。

（2）经营者未参加名优产品评比，却擅自在商品上使用名优标志。

（3）虽参加了名优产品评比，但未被评比为名优产品，却擅自在商品上使用名优标志。

（4）被取消名优产品称号的产品，经营者继续使用名优标志。

（5）级别低的名优产品，经营者擅自使用级别高的名优标志。

（6）其他伪造或者冒用名优标志的行为。

（7）名优称号、标志的有效期为3～5年，超期使用名优标志。

3. 法律责任

仿冒知名商品特有的名称、包装等的不正当竞争行为应承担以下法律责任。

（1）民事责任。

（2）行政责任。经营者擅自使用知名商品特有的名称、包装、装潢，或者使用与知名商品近似的名称、包装、装潢，造成和他人的知名商品相混淆，使购买者误认为是该知名商品的，监督检查部门应当责令停止违法行为，没收违法所得，可以根据情节处以违法所得一倍以上三倍以下的罚款；情节严重的可以吊销营业执照。

（3）刑事责任。仿冒知名商品特有的名称、包装、装潢的，销售伪劣商品，构成犯罪的，依法追究刑事责任。

（二）公用企业或其他依法具有独占地位的经营者限制竞争的行为及法律责任

根据《反不正当竞争法》第六条的规定，公用企业或者其他依法具有独占地位的经营者，不得限定他人购买其指定的经营者的商品，以排挤其他经营者的公平竞争。

1. 行为主体

（1）公用企业，是指涉及公用事业的经营者，包括供水、供电、供热、供汽、邮政、电讯、交通运输等行业的经营者。

（2）其他依法具有独占地位的经营者。

2.限制竞争行为的表现形式

（1）公用企业限制竞争行为的表现形式见表11-2。

表11-2　公用企业限制竞争行为的表现形式

序号	公用企业	限制竞争行为表现形式
1	供电部门	（1）强制用户购买其提供的电表、电线、配电箱、变压器等用电设备而不得购买其他符合国家标准的用电设备 （2）强行向用户收取用电预付款或用电押金 （3）强制用户购买用电保险或搭售不必要的商品 （4）强制向用户收取用电底度费等
2	供水部门	（1）限定他人购买其指定的经营者的水泵、阀门、水管等 （2）强制用户购买水表或强行要求用户更换智能水表 （3）强制用户购买不必要的"用水卡" （4）强制向用户收取用水底度费等
3	供气部门	（1）在提供燃气服务是强制他人购买和使用其提供的燃气灶具或者限定他人只能购买和使用其指定的经营者提供的燃气灶具，而不得购买和使用其他经营者提供的符合技术要求的同类商品 （2）强制向用户收取用气底度费等
4	邮政部门	（1）强制用户接受特快专递服务、礼品服务等 （2）强制搭售明信片、集邮册等消费者不需要的商品 （3）在用户邮寄包裹时，限定用户只能使用其提供的包装物而不得使用其他经营者提供的符合技术标准要求的包装物等
5	铁路等公共交通运输部门	（1）强制用户接受其指定的经营者提供的铁路延伸服务，如装卸车服务等 （2）强制用户到其指定的售票点购票并收取费用等

（2）其他依法具有独占地位的经营者限制竞争行为的表现形式。

其他依法具有独占地位的经营者限制竞争行为的表现形式见表11-3。

表11-3　其他依法具有独占地位的经营者限制竞争行为的表现形式

序号	经营者	限制竞争行为表现形式
1	药草公司	销售名牌香烟时，强行搭售直销品牌香烟；利用与烟草专卖局"一套人马，两块牌子"的特殊身份，皆用行政权力强制交易等
2	盐业公司	滥用盐业专营权，强行搭售其他商品等
3	商业银行	在住房贷款中强制贷款人到其指定的保险公司办理保险；限定贷款人必须购买其指定的开发商的房屋或汽车等商品
4	农村信用合作社	滥用发放农资专项贷款的优势地位，限定他人购买其指定的经营者的化肥或其他农业生产资料

续表

序号	经营者	限制竞争行为表现形式
5	有线电视台	强制他人接受其不必要接受的服务或购买必要的商品；利用电视信号载波及发送的独占地位，限定用户购买其指定的经营者的商品
6	石油、石化公司	滥用其批发成品油的独占地位，搭售商品或者实行差别待遇
7	殡仪行业	强制死者家属购买其指定的骨灰盒、使用遗体告别厅等
8	新华书店	在发放中小学教材时强行搭售教参等其他图书、音像制品等
9	机动车驾驶员培训学校	强制学员购买保险、滥收费用等

3.法律责任

公用企业和其他依法具有独占地位的企业若违犯法律、行政规章的规定，实施上述行为的，应承担相应的法律责任。工商行政管理机关可责令其停止违法行为，并可根据情节，处以5万元以上20万元以下罚款。被指定的经营者借此销售质次价高的商品和滥收费用的，工商行政管理机关可没收违法所得，并可根据情节，处以非法所得1倍以上3倍以下的罚款。考虑到这种限制竞争行为的主体具有特殊性，法律规定有权查处公用企业或依法具有独占地位企业限制竞争行为的职能部门是省级或设区的市的工商行政管理机关，不包括县级工商行政管理机关。

（三）政府部门限制竞争的行为及法律责任

政府部门限制竞争行为是指政府及其所属部门滥用行政权力，限定他人购买其指定的经营者的商品，限制其他经营者正当的经营活动，限制外地商品进入本地市场，或者本地商品流向外地市场的行为。

1.政府及其所属部门的限制竞争行为的表现形式

政府及其所属部门的限制竞争行为的表现形式见图11-1。

形式一：以政府文件、会议纪要、规定等形式，限定或者变相限定单位或者个人只能经营、购买、使用本地成产的产品会或者只能接受本地企业、指定企业、其他经济组织或者个人提供的商品和服务

形式二：以不正当的或者歧视性的质检、准销证、前置审批、加收费用以及所谓"联合执法"等方式，实行歧视性待遇，抬高外地商品进入本地的"门槛"，阻碍外地商品或者服务进入本地

形式三：以拒绝给予行政许可等方式滥用行政权力强制他人购买其指定的商品和服务

图11-1 政府及其所属部门的限制竞争行为的表现形式

2.法律责任

根据《反不正当竞争法》第三十条的规定,政府及其所属部门实施了该法第7条所禁止的滥用行政权力的行为,限定他人购买指定的经营者的商品、限制其他经营者正当的经营活动,或者限制商品在地区之间正常流通的,由上级机关责令其改正;情节严重的,由同级或者上级机关对直接责任人员给予行政处分。被指定的经营者借此销售质次价高商品或者滥收费用的,监督检查部门应没收违法所得,还可根据情节处以违法所得1倍以上3倍以下的罚款。

(四)商业贿赂行为及其法律责任

商业贿赂是指经营者在市场活动中,为争取交易机会,通过秘密给付财物或者其他报偿等不正当手段收买客户的负责人、雇员、合伙人、代理人和政府有关部门工作人员的行为。

1.商业贿赂行为的特征

商业贿赂行为的特征如图11-2所示。

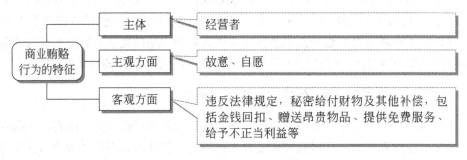

图11-2 商业贿赂行为的特征

2.商业贿赂的形式

商业贿赂的形式不胜枚举。在我国相当长一段时间内,以回扣、折扣、佣金、咨询费、介绍费等名义争取交易机会的现象非常普遍。

商业贿赂的形式除了金钱回扣之外,还有提供免费度假、旅游、高档宴席、色情服务、赠送昂贵物品、房屋装修以及解决子女、亲属入学、就业等多种方式。

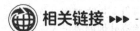

回扣、折扣、佣金的区别

一、回扣

在商品购销中,暗中向买方退还钱财及其他报偿,以争取交易机会和交易条件的行为。

二、折扣

即价格折扣,亦称让利。它是指在商品购销活动中经营者在所成交的价款上给对方以一定比例的减让而返还给对方的一种交易上的优惠。一般情况下,折扣是卖方向买方的一种让利。折扣只发生在交易双方当事人之间,不能支付给当事人一方的经办人或代理人。

三、折扣与回扣的区别

(1)发生的时间不同:折扣发生在交易当时,而回扣发生在交易完成以后。

(2)给予的对象不同:折扣只能给予交易对方,而回扣既可以给予交易对方,也可以给予交易对方的经办人或代理人。

四、佣金

佣金是指在市场交易活动中,具有独立地位的中间人因为为他人提供服务、介绍、撮合交易或代买、代卖商品而得到的报酬。佣金可以由买方给付,也可以由卖方给付,还可以由双方给付。

3. 法律责任

《反不正当竞争法》第八条的规定,经营者不得采用财物或者其他手段进行贿赂以销售或者购买商品。在账外暗中给予对方单位或者个人回扣的,以行贿论处;对方单位或者个人在账外暗中收受回扣的,以受贿论处。经营者销售或者购买商品,可以以明示方式给对方折扣,可以给中间人佣金。经营者给对方折扣、给中间人佣金的,必须如实入账。接受折扣、佣金的经营者必须如实入账。

根据《反不正当竞争法》第二十二条的规定,经营者有商业贿赂行为的,构成犯罪,追究刑事责任;尚未构成犯罪的,监督检查部门可处以1万元以上20万元以下的罚款,并没收其违法所得。

这条规定是处罚商业贿赂行为的基本依据。根据国家工商行政管理局1996年11月5日《关于禁止商业贿赂行为的暂行规定》,有关单位或个人购买或销售商品时收受贿赂的,同样按照《反不正当竞争法》第二十二条对经营者行贿的处罚规定予以处罚,即罚款、没收非法所得、直至追究刑事责任。

(五)虚假宣传行为及法律责任

虚假宣传行为是指经营者利用广告和其他方法,对产品的质量、性能、成分、用途、产地等所作的引人误解的不实宣传。

1. 行为主体

行为主体包括生产或服务经营者、广告经营者、其他经营者(食品安全法中有关代言人规定)。

2.引人误解的虚假宣传的种类

引人误解的虚假宣传，既包括虚假宣传，也包括引人误解的宣传，包括两类，如图11-3所示。

第一种　虚假宣传

虚假宣传是指商品宣传的内容与商品的实际情况不相符合，如将国产商品宣传为进口商品等

第二种　引人误解的宣传

引人误解的宣传是指就一般的社会公众的合理判断而言，宣传的内容会使接受宣传的人或受宣传影响的人对被宣传的商品产生错误的认识，从而影响其购买决策的宣传，如"意大利聚酯漆家具"便是这样的宣传

图11-3　引人误解的虚假宣传的种类

3.侵犯商业秘密的行为

根据《反不正当竞争法》第十条的规定，侵犯商业秘密的不正当竞争行为有以下三种情形。

（1）以盗窃、利诱、胁迫或者其他不正当手段获取权利人的商业秘密。

（2）披露、使用或者允许他人使用以前项手段获取的商业秘密。

（3）违反约定或者违反权利人有关保守商业秘密的要求，披露、使用或允许他人使用其所掌握的商业秘密。

此外，第三人明知或应知以上违法行为，获取、使用或者披露他人的商业秘密，视为侵犯商业秘密。

4.侵犯商业秘密行为法律责任。

《反不正当竞争法》第二十五条对侵犯商业秘密行为规定的处罚方式。

（1）由监督检查部门责令停止违法行为。

（2）可根据情节处以1万元以上20万元以下的罚款。

实践中，权利人还可依照合同法、劳动法的有关规定，对违反约定侵犯商业秘密的行为要求制裁。此外，《刑法》第二百一十九条也规定了侵犯商业秘密罪。

（六）低价倾销的行为及法律责任

倾销是指经营者以排挤竞争对手为目的，以低于成本的价格销售商品的行为。

1.低价倾销的行为特征

倾销具有以下几个法律特征。

（1）行为的主体是在市场交易中处于销售地位的经营者。

（2）经营者实施该行为在主观上是故意的，其目的是为了排挤竞争对手。

（3）经营者实施了以低于成本的价格销售商品的行为。成本是指企业在产品生产、产品销售或提供劳务中发生的费用的总和。

2. 倾销之例外

《中华人民共和国价格法》（以下简称《价格法》）第十四条规定，经营者不得为排挤竞争对手或独占市场，以低于成本的价格倾销，扰乱正常的生产经营秩序，损害国家利益或者其他经营者的合法权益。如果因特殊原因而低于成本价格销售商品，则不构成低价倾销行为，具体如图11-4所示。

图11-4 不属于不正当竞争的情形

3. 法律责任

在《反不正当竞争法》第四章"法律责任"中，并无专门规定低价倾销行为法律责任的条款。因此，可援引该法第二十条的规定，使其承担相应的赔偿责任。

低价倾销违背企业生存原理及价值规律，在市场竞争中往往引发价格大战，中小企业纷纷倒闭等恶性竞争事件，甚至导致全行业萎缩的严重后果。为了防患于未然，反不正当竞争法禁止经营者采取低于成本价销售商品的不正当竞争手段。

（七）附条件交易的行为及法律责任

附条件交易的行为是指经营者利用其经济优势，违背购买者的意愿，在销售一种商品或提供一种服务时，要求购买者以购买另一种商品或接受另一种服务为条件，或者就商品或服务的价格、销售对象、销售地区等附加不合理的条件，以及限制技术受让方在合同技术的基础上进行新技术的研制开发等。

1. 表现形式

（1）违法搭售商品。

（2）在销售商品时附加不合理条件。

2. 法律责任

在《反不正当竞争法》第四章"法律责任"中，并无专门规定搭售行为法律责任的条款。因此，可援引该法第二十条的规定，使其承担相应的赔偿责任。此外，受侵害的经营者、消费者还可根据合同法、消费者权益保护法等相关法规保护自己的合法权益。

（八）有奖销售中的不正当竞争的行为及法律责任

有奖销售是指经营者以提供奖品或奖金的手段进行推销的行为，主要包括附赠式有奖销售和抽奖式有奖销售两种形式。不正当有奖销售是指经营者在销售商品或提供服务时，以欺骗或其他不正当手段，附带提供给用户和消费者金钱、实物或其他好处，作为对交易的奖励。

1.违反法律规定的有奖销售行为

《反不正当竞争法》第十三条以列举方式禁止经营者从事以下三类有奖销售行为。

（1）采用谎称有奖或者故意让内定人员中奖的欺骗方式进行有奖销售。

（2）利用有奖销售的手段推销质次价高的商品。

（3）抽奖式的有奖销售，最高奖的金额超过五千元。

2.法律责任

根据《反不正当竞争法》第二十六条的规定，经营者违反该法第十三条的规定进行有奖销售的，监督检查部门应责令停止违法行为，可以根据情节处以1万元以上10万元以下的罚款。有关当事人因有奖销售活动中的不正当竞争行为受到侵害的，可根据《反不正当竞争法》第二十条的规定，向人民法院起诉，请求赔偿。

（九）商业诽谤行为及法律责任

商业诽谤行为也称诋毁竞争对手的行为，是指经营者自己或利用他人，通过捏造、散布虚伪事实等手段，对竞争对手的商业信誉进行恶意的诋毁、贬低，以削弱其市场竞争能力，并为自己谋取不正当利益的行为。

1.商业诽谤的具体表现

在现实经济生活中，商业诽谤的表现形式是多种多样的。大体上，从商业诽谤的具体手段的不同，可以将商业诽谤归纳为以下几类。

（1）产品附属资料中的商业诽谤。

（2）产品交易中的商业诽谤。

（3）新闻、广告中的商业诽谤。

（4）直接在公众中散布谣言。

（5）组织、唆使、利用他人进行商业诽谤。

2.法律责任

《反不正当竞争法》第十四条的规定，经营者不得捏造、散布虚伪事实，损害竞争对手的商业信誉、商品声誉。由此可见，诋毁商誉行为应发生在市场竞争中，是经营者之间为争夺市场和顾客，排挤竞争对手采取的一种非法行为。

（十）违反法律规定的招投标行为及法律责任

违反法律规定的招标投标行为是指投标者相互串通投标，投标者和招标者相互勾结，排挤竞争对手的公平竞争的行为。《反不正当竞争法》第十五条规定：投标者不得串通投标，抬高标价或者压低标价。投标者和招标者不得相互勾结，以排挤竞争对手的公平竞争。

1.违反法律规定招投标行为的表现

违反法律规定招投标行为的表现见表11-4。

表11-4 违反法律规定招投标行为的表现

序号	不同行为	具体表现
1	投标者串通投标，抬高标价或压低标价的行为	这类行为的行为主体是投标者，而且是所有参加投标的投标人共同实施的，其目的是为了避免相互间竞争，或协议轮流在类似项目中中标，共同损害招标人的利益。这类行为的表现形式主要有： （1）投标者相互串通，一致抬高标价 （2）投标者相互串通，一致压低标价 （3）投标者相互串通，轮流以高价位或低价位中标 （4）投标者相互间就标价以外的其他事项串通
2	投标者和招标者相互勾结，以排挤竞争对手的行为	与前一类行为不同的是，这类不正当竞争行为的主体是招标者和特定的投标者共同实施的，其目的是为了排挤该投标者的竞争对手，所造成的后果则是招标投标流于形式，损害其他投标人的利益。这类行为的表现形式有： （1）招标者在开标前，私下开启投标者的投标条件，并泄密给内定投标者 （2）招标者在审查评选标书时，对不同的投标者实施差别对待 （3）投标者和招标者相互勾结，投标者在公平投标时压低标价，中标后再给招标者以额外补偿 （4）招标者向特定的投标者泄露其标底

2.法律责任

根据《反不正当竞争法》第二十七条的规定，在招标投标中，招标者和投标者有上述两种行为之一的，造成的法律后果首先是中标无效；此外，监督检查部门可根据情节处以1万元以上20万元以下的罚款。招标投标法对招标投标中的串通行为亦规定了相应的法律责任。根据后法优于前法的原则，应优先适用招标投标法。

（十一）不正当行为监督检查与法律责任

1.监督检查机构

（1）县级以上人民政府工商行政管理部门。

(2)法律、行政法规规定的其他监督检查部门。

国家工商行政管理公平交易局是以监督检查市场主体的交易行为,以贯彻实施《反不正当竞争法》、《消费者权益保护法》为主要任务的专门机构。

(3)社会监督。

(4)人民法院。

2.法律责任的形式

《反不正当竞争法》第四章专章规定了违反该法的法律责任,包括民事责任,行政责任,刑事责任三种,具体见表11-5。

表11-5 法律责任的形式

序号	形式	具体说明
1	民事责任	为保护合法经营者的正当竞争权利,《反不正当竞争法》第二十条的规定,经营者违反本法规定,对被侵害的经营者造成损害的,应承担损害赔偿责任;并且应承担被侵害的经营者因调查该经营者侵害其合法权益的不正当竞争行为所支付的合理费用。此条规定,适用于《反不正当竞争法》禁止的所有违法行为造成的损失 反不正当竞争法还设有民事行为无效的规定。在该法第二十七条中的"中标无效",就是专门针对招标投标中的不正当竞争行为而设置的
2	行政责任	各级工商行政管理部门是《反不正当竞争法》规定的监督检查部门,具有行政执法职能。因此,《反不正当竞争法》几乎对每一种不正当竞争行为都规定了制裁措施。这些行政制裁措施归纳起来是: (1)责令停止违法行为,消除影响 (2)没收违法所得 (3)罚款 (4)吊销营业执照 (5)责令改正 (6)给予行政处分 需要注意的是:第一,《反不正当竞争法》列举的不正当竞争行为中,有3种行为在法律责任一章中未被提及,即第十一条低价倾销行为,第十二条搭售或附加不合理条件的行为,第十四条诋毁商誉行为。对此,被侵害的经营者可以依照《反不正当竞争法》第二十条的规定要求赔偿,还可以依照相关法律的规定保护自己的权利。第二,对政府及其所属部门的限制竞争行为,仅适用上述六种行政责任中的第五种,即由上级行政机关责令改正
3	刑事责任	对情节严重的不正当竞争行为,给予刑事处罚,是各国竞争法的通行做法。我国《反不正当竞争法》第二十条和第二十二条对三种行为,即商标侵权行为、销售伪劣商品的行为、商业贿赂行为可以追究刑事责任。此外,广告法、价格法、招标投标法中也有刑事制裁的规定;刑法也将侵犯商业秘密犯罪作为罪行之一予以制裁

二、价格法律制度

作为一个企业的老板,必须对《价格法》有了解,必须知道自己在定价方面享有哪些权利、承担哪些义务,才能切实充分地保护自己的权利,履行自己的义务,真正依法办事。

(一)价格的范围与形式

价格是商品价值的货币表现,是商品生产和商品交换的产物,它反映的是人们进行商品交换的经济关系。

1.价格的范围

价格有广义和狭义的区别。狭义的价格是指商品价格和服务价格;广义的价格除此之外还包括生产要素的价格,如劳动力价格——工资,资金的价格——利率,外汇的价格——汇率,以及保险费率、证券、期货价格。《价格法》第2条明确规定,该法所称的价格包括商品价格和服务价格。因此,《价格法》所指的价格是指狭义的商品价格和服务价格。

2.价格的形式

《价格法》第三条根据不同的定价主体和价格形成的途径,将价格划分为市场调节价、政府指导价和政府定价三种形式,具体如图11-5所示。

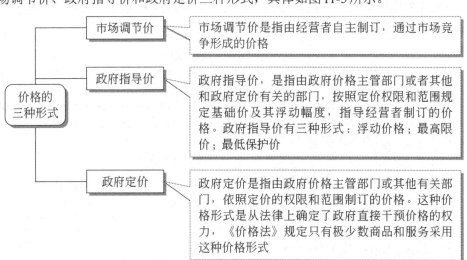

图11-5 价格的三种形式

(二)价格法

1.价格法的概念

价格法是调整价格关系的法律规范的总称。价格法的调整对象概括地讲就是指与价格的制订、执行和监督有关的各种价格关系。

2.价格法的作用

（1）规范市场主体的价格行为，维护价格秩序。
（2）创造公平竞争环境，优化价格形成机制。
（3）保护经营者和消费者的正当权益，协调生产和消费的关系。
（4）规范、加强和改善宏观经济调控，稳定市场价格总水平。

（三）经营者的价格行为

1.经营者定价的范围

《价格法》第六条明确规定了实行市场调节价的范围。按照这一条规定，市场调节价的范围是指未列入政府指导价和政府定价范围内并适应在市场竞争中形成的商品和服务价格。具体如下。

（1）商品和服务比较丰富，不属于资源稀缺的范围。
（2）商品和服务不具有自然垄断性，是可以由多个经营者同时经营的商品和服务品种。
（3）商品和服务不属于关系国计民生的特别重要的品种。

《价格法》第七条规定："经营者定价，应当遵循公平、合法和诚实信用的原则。"

2.经营者定价的基本依据

经营者定价的基本依据，就是经营者确定商品或服务收费所凭借的基本依据，包括生产经营成本和市场供求状况。其基本依据见表11-6。

表11-6 经营者定价的基本依据

序号	依据	具体说明
1	生产经营成本	生产经营成本是指与生产经营有关的各项费用。也就是在生产经营过程中所耗费的生产资料价值和必要的劳动价值的货币表现。所以，从生产经营成本的内容来说，包括： （1）生产过程中所发生的物质消耗与劳动消耗 （2）销售费用或流通费用 （3）损失性支出，指商品在运输、保管、销售过程中的损失和消耗 （4）保险费和银行利息等方面的支出
2	市场供求状况	市场供求状况是影响价格形成的又一重要因素，尤其是对市场起调节作用的价格，往往是供求关系的变动影响着价格的变动，而价格的变动也影响着供求关系。价格法将市场供求状况作为经营者定价的基本依据，是在法律规范中反映了市场经济的客观要求，所以，依据供求变化而使价格升降，是为法律所允许的价格行为

3.经营者的权利和义务

（1）经营者的价格权利。

经营者进行价格活动时享有的权利如图11-6所示。

第十一章 反不正当竞争法和反垄断法的法律常识

权利一 自主定价权

自主定价权是指经营者有权按照价格法的规定自主确定商品和服务的价格
(1)自主制订属于市场调节的价格
(2)在政府指导价规定的幅度内制订价格
(3)制订属于政府指导价、政府定价产品范围内的新产品的试销价格,特定产品除外

权利二 检举控告权

检举控告权是指经营者有权检举、控告侵犯其依法自主定价权利的行为

权利三 建议权

建议权是指经营者有权对政府指导价和政府定价提出意见或建议

图 11-6　经营者的价格权利

(2) 经营者的价格义务。

经营者的价格义务有如图 11-7 所示的几个。

义务一 经营者应当努力改进生产经营管理,降低生产经营成本,为消费者提供合格的商品和服务,并在市场竞争中获取合法利润

义务二 经营者应当根据其经营条件建立、健全内部价格管理制度,准确记录与核定商品和服务的生产经营成本,不得弄虚作假

义务三 经营者进行价格活动,应当遵守法律、法规,执行依法制订的政府指导价、政府定价和法定的价格干预措施、紧急措施

义务四 经营者销售、收购商品和提供服务,应当按照政府价格主管部门的规定明码标价,注明商品的品名、产地、规格、等级、计价单位、价格或者服务的项目、收费标准等有关情况。经营者不得在标价之外加价出售商品,不得收取任何未予标明的费用

义务五 经营者在进行经营活动过程中,不得利用价格手段,进行不正当竞争损害国家利益或者其他经营者、消费者的合法权益

图 11-7　经营者的价格义务

4.经营者不得有不正当价格行为

《价格法》第十四条规定了经营者不得有下列不正当价格行为。

(1) 相互串通、操纵市场价格,损害其他经营者或者消费者的合法权益。

(2) 除依法降价处理鲜活商品、季节性商品、积压商品等商品外,为了排挤竞争对手或者独占市场,以低于成本的价格倾销,扰乱正常的生产经营秩序,损害国家利益或者其他经营者的合法权益。

> **特别提示** ▶▶▶
>
> 判断是否构成低于成本倾销行为，主要看以下三个方面。
>
> 一看手段，即看其定价是否低于成本。
>
> 二看目的，即是否企图通过低于成本价格，扩大市场份额，从而达到削弱甚至驱逐竞争对手的目的。
>
> 三看后果，即是否扰乱了正常的生产经营秩序，损害国家利益或其他经营者的合法权益。如引发恶性低价竞销，阻碍或威胁竞争对手的建立、生存和发展，造成国家税收损失等。

（3）捏造、散布涨价信息，哄抬价格，推动商品价格过高上涨。

（4）利用虚假的或者使人误解的价格手段，诱骗消费者或者其他经营者与其进行交易。

利用价格手段诈骗，属价格欺诈行为。主要有：商家采取虚构原价、虚假优惠折价和使用误导性语言文字的方式，诱导消费者与其进行交易。它不仅损害其他经营者和消费者的利益，而且破坏正常的市场秩序，造成经济生活的紊乱。

（5）提供相同商品或者服务，对具有同等交易条件的其他经营者实行价格歧视。

价格歧视是指经营者提供相同等级、相同质量的商品或服务时，使同等交易条件的接受者在价格上处于不平等地位。例如对具有同等条件的甲、乙企业，因甲是本地企业，乙是外地企业就实行不同价格待遇等。价格歧视使条件相同的买主处于不平等的地位，妨碍了它们之间的正当竞争，具有限制竞争的危害。

（6）采取抬高等级或者压低等级等手段收购、销售商品或者提供服务，变相提高或者压低价格。

变相涨价和变相降价都是损害国家和消费者利益的行为。变相涨价一般在供不应求时发生较多，如偷工减料，以次充好，掺杂使假，缺斤少两；变相降价一般发生在供过于求的情况下，如收购商品，压级压秤，出售商品降低等级等。

（7）违反法律、法规的规定牟取暴利。

《价格法》中所称的暴利，是指通过不正当的价格手段在短时期内获得的巨额利润。暴利行为既严重背离价格，也不反映供求关系，破坏了市场经济等价交换、公平竞争的基本法则，严重损害消费者的合法权益。暴利行为还为经营者提供虚假的价格信号，误导投资方向，破坏了资源的合理配置，扭曲了产业结构。

（8）法律、行政法规禁止的其他不正当价格行为。

（四）违反价格法的法律责任

1. 经营者的法律责任

经营者的法律责任主要有罚款、责令改正、没收违法所得、吊销营业执照等。

2. 政府及其部门的法律责任
政府及其他部门的法律责任包括责令改正、通报批评、行政处分等。

3. 价格工作人员的法律责任
价格工作人员在价格执法过程中泄露国家秘密、商业秘密以及滥用职权、徇私舞弊、玩忽职守、索贿受贿，构成犯罪的，依法追究刑事责任；尚不构成犯罪的，依法给予行政处分。

三、广告法律制度

（一）广告活动的准则

广告准则是法律对广告内容、形式等做出的必须遵守的原则和限制，包括广告的一般准则和特殊商品广告的特殊准则（药品、医疗器械广告，农药广告，烟草广告，食品、酒类、化妆品广告）。

1. 广告的一般准则
（1）广告内容的一般准则

广告内容的一般准则有三个方面，即真实、准确、合法，如图11-8所示。

准则一　真实

真实是指广告应当真实、客观地介绍所推销的商品或提供的服务，不得作虚假的宣传，不得欺骗和误导消费者。包含：
(1)产品品质的真实。广告应以事实为依据，客观地介绍产品或服务
(2)广告情节的真实。不得不当利用人类的扶弱、济贫等高尚情感

准则二　准确

准确是指广告应清楚的介绍商品或服务，不能含糊不清和模棱两可。如赠品广告中准确说明"赠品"的情况，不得明赠实搭（售）。如："买一送一"，"买房子送家具"，"本商业楼盘距火车站仅200米"

准则三　合法

合法一是指广告内容应遵守法律、法规的规定（如不得使用国旗、国歌等；不得使用最高级、最佳等词语；不得损害公共利益；不得含有民族、种族、宗教、性别等歧视；不得贬低其他经营者）；二是指广告主必须合法。即广告主必须依法取得经营广告业务的主体资格

图11-8　广告内容的一般准则

（2）广告形式的一般准则

① 广告应具有可识别性，应具有广告标记，应中立的提供消费信息，不得

有直接劝说功能（变相广告）。

②不得以新闻报道的形式发布广告，即不得发布行为广告。

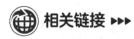 相关链接 ▶▶▶▶

广告的基本要求

广告不得含有虚假的内容，不得欺骗和误导消费者。广告法对商品、服务广告的基本要求如下。

一、广告不得有的情形

（1）使用中华人民共和国国旗、国徽、国歌。

（2）使用国家机关和国家机关工作人员的名义。

（3）使用国家级、最高级、最佳等用语。

（4）妨碍社会安定和危害人身、财产安全，损害社会公共利益。

（5）妨碍社会公共秩序和违背社会善良习惯。

（6）含有淫秽、迷信、恐怖、暴力、丑恶的内容。

（7）含有民族、种族、宗教、性别歧视的内容。

（8）妨碍环境和自然资源保护。

（9）法律、行政法规规定禁止的其他情形。

二、广告法对商品、服务广告的基本要求

为了切实保护消费者的合法权益，防止利用广告对消费者进行欺骗和误导，广告法做出一系列的规定。

（1）规定广告对商品性能、产地、用途、质量、价格、生产者、有效期限允诺，或者服务的内容、形式、质量、价格、允诺有表示的，应当清楚明白。

（2）表明附带赠送礼品的，应当标明赠送的品种和数量。

（3）使用数据、统计资料、调查结果、文摘、引用语，应当真实、准确，并表明出处。

（4）涉及专利的应当标有专利号和专利种类。

（5）禁止使用专利申请和已经终止、撤销、无效的专利做广告。

（6）为了维护公平竞争秩序，《广告法》规定：广告不得贬低其他生产经营者的商品或者服务。

（7）在广告的表现上，规定广告应当具有可识别性，能够使消费者辨明其为广告。特别规定，大众传播媒介不得以新闻报道形式发布广告，通过大众传播媒介发布的广告应当有明显的广告标记，与其他非广告信息相区别，不得使消费者产生误解。

2. 广告的特殊准则

广告法对于药品、农药、烟酒制品、食品、化妆品等与人的健康和人身、财产安全密切相关的商品广告,做了更为严格的限制和规定。

(1) 医药广告的规定。

广告法规和《中华人民共和国药品管理法》对医药广告有明确规定。国家规定的应当在医生指导下使用的治疗性药品广告必须注明:"规定按医生处方购买和使用"。麻醉药品、精神药品、毒性药品、放射性药品等特殊药品,不得做广告。

① 药品广告中不得含有不科学地表示功效的断言或者保证。如"疗效最佳"、"药到病除"、"根治"、"安全预防"、"安全无副作用"等。

② 药品广告中不得含有"最新技术"、"最高科学"、"最先进制法"、"药之王"、"国家级新药"等绝对化的语言和表示;不得含有违反科学规律,明示或者暗示包治百病,适合所有症状等内容。

③ 药品广告中不得含有利用医药科研单位、学术机构、医疗机构或者专家、医生、患者的名义、形象作证明的内容。

④ 药品广告不得使用儿童的名义和形象,不得以儿童为广告诉求对象。

⑤ 药品广告不得含有直接显示疾病症状、病理和医疗诊断的画面,不得令人感到已患某种疾病,不得使人误解不使用该药品会患某种疾病或者加重病情,不得直接或者间接怂恿任意、过量使用药品。

⑥ 药品广告中不得含有"无效退款"、"保险公司保险"等承诺。

(2) 食品广告的规定。

① 申请发布涉及食品成分、营养及其他具有食品卫生科学内容的广告,应持有食品卫生监督机构填发的《食品广告审批表》。

②《食品广告证明》的有效期为二年。

③ 在有效期内改变食品的配方、定型包装或者广告内容,以及期满后继续进行广告宣传的,必须重新办理《食品广告证明》。

④ 工商企业发布食品广告应出具《食品卫生许可证》。

⑤ 国外企业在我国境内进行食品广告,一般应持《进口食品卫生许可证》向省或省以上食品卫生监督机构申办"食品广告审批"。

在《广告法》中规定:食品广告不得使用医疗用语或者与广告药品混淆的用语。

(3) 烟酒广告的规定。

《广告法》第十八条的规定,禁止利用广告、电影、电视、报纸、期刊发布烟草广告。禁止在各类等候室、影剧院、会议厅堂、体育比赛场馆等公共场所设置烟草广告。具体的规定如图11-9所示。

规定一 关于审批方面的规定

(1) 烟厂的馈赠实物广告必须报市以上工商行政管理部门批准
(2) 凡是以烟草企业名称或卷烟商标名称的名义举行的赞助广告活动，必须经省以上工商行政管理机关审查批准。

规定二 酒类浓度方面的限制

我国广告法规中对酒类浓度方面的广告有严格的限制。规定：40度以上（含40度）酒除销售现场，原则上不允许广告，国家级、部级和省级优质烈性酒须经省一级工商行政管理局或其授权的省辖市工商行政管理局批准。39度以下（含39度）酒类广告，必须标明酒的度数

规定三 酒类广告的内容规定

酒类广告的内容必须符合卫生许可的事项，"并不得使用医疗用语或者与药品混淆的用语"。酒类广告中不得出现以下内容：
(1)鼓动、倡导、引诱人们饮酒或者宣传无节制饮酒
(2)饮酒的动作
(3)未成年人的形象
(4)表现驾驶车、船、飞机等具有潜在危险的活动
(5)诸如可以"消除紧张和焦虑"、"增加体力"等不科学的明示或者暗示
(6)把个人、商业、社会、体育、性生活或者其他方面的成功归因于饮酒的明示或者暗示
(7)关于酒类商品的各种评优、评奖、评名牌、推荐等评比结果
(8)不符合社会主义精神文明建设的要求，违背社会良好风尚和不科学、不真实的其他内容

规定四 对大众传播媒介的规定

《酒类广告管理办法》规定大众传播媒介发布酒类广告，不得违反下列规定：
（1）电视：每套节目每日发布的酒类广告，在特殊时段（19:00—21:00）不超过二条，普通时段每日不超过十条
（2）广播：每套节目每小时发布的酒类广告，不得超过二条
（3）报纸、期刊：每期发布的酒类广告，不得超过二条，并不得在报纸第一版、期刊封面发布

图 11-9 烟酒广告的规定

（二）违反《广告法》的责任

广告活动是指广告主、广告经营者、广告发布者在设计、制作、发布广告的过程中所从事的法律行为。为了保证广告的合法、真实，国家建立广告审查制

度。违反广告法的行为,要依法承担法律责任。

广告市场违法行为的法律主要包括民事责任、经济责任、行政责任和刑事责任。

1.广告违法行为的行政法律责任

(1)广告行政处罚类型。

广告行政处罚类型有七种,如图11-10所示。

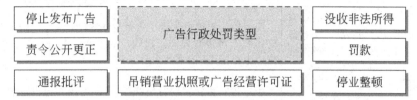

图11-10 广告行政处罚类型

(2)广告违法行为的行政法律责任。

广告行政处罚的具体规定在我国《广告法》中,广告管理机关对于广告违法行为的行政处罚的具体标准,做出了明确规定,具体如表11-7所示。

表11-7 广告违法行为的行政法律责任

序号	违法行为	处罚标准
1	发布虚假广告	(1)对于利用广告虚假宣传商品或服务的,责令广告主停止发布,并且以等额广告费用在相应范围内公开更正消除影响,同时处以广告费用1倍以上5倍以下的罚款 (2)对负有责任的广告经营者、广告发布者没收其广告费用,并处以广告费用1倍以上5倍以下的罚款 (3)对于情节严重者,依法停止其广告业务,已经给用户和消费者造成损害或利益损失的,责令补偿损害、赔偿损失
2	发布违禁广告	责令负有责任的广告主、广告经营者、广告发布者停止发布、公开更正,没收广告费用。并处以广告费用1倍以上5倍以下的罚款;情节严重的,依法停止其广告业务。构成犯罪的,依法追究刑事责任
3	发布不正当竞争的广告	责令负有责任的广告主、广告经营者、广告发布者停止发布、公开更正,没收广告费用,可以并处广告费用1倍以上5倍以下的罚款
4	以新闻报道形式发布广告	由广告监督管理机关责令广告发布者改正,处以1000元以上1万元以下的罚款
5	违法发布药品、医疗器械、农药、食品、酒类、化妆品广告或发布国家禁止生产销售的商品广告	广告监督管理机关责令负有责任的广告主、广告经营者、广告发布者改正或停止发布,没收广告费用,可以并处广告费用1倍以上5倍以下的罚款;情节严重的,依法停止其广告业务

续表

序号	违法行为	处罚标准
6	违法发布烟草广告	利用广播、电影、电视、报纸、期刊发布烟草广告，或者在公共场所设置烟草广告的，广告监督管理机关责令负有责任的广告主、广告经营者、广告发布者停止发布，没收广告费用，可以并处广告费用1倍以上5倍以下的罚款
7	未经广告审查机关审查批准发布药品、医疗器械、农药、兽药等商品广告	广告监督管理机关责令负有责任的广告主、广告经营者、广告发布者停止发布，没收广告费用，并处以广告费用1倍以上5倍以下的罚款
8	广告主提供虚假证明文件	由广告监督管理机关处以1万元以上10万元以下的罚款。伪造、变更或者转让广告审查文件的，由广告监督机关没收违法所得，并处以1万元以上10万元以下的罚款

2.广告违法行为的民事法律责任

《广告法》规定：广告主、广告经营者、广告发布者出现下列侵权行为之一的，依法承担民事责任：

（1）在广告中损害未成年人或残疾人的身心健康的。

（2）假冒他人专利的。

（3）贬低其他生产经营者的商品或服务的。

（4）广告中未经同意使用他人名义、形象的。

（5）其他侵犯他人合法民事权益的。

根据广告管理法规，无论是一个还是数个广告违法行为的主体，只要造成他人损害的，当事人即可向人民法院起诉，请求人民法院处理、裁决，以赔偿损失。

3.广告违法行为的刑事责任

广告违法行为的刑事责任是指广告活动主体从事的违法行为性质恶劣、后果严重、非法所得款项数额较大，已经构成了犯罪所应承担的责任。

四、有关商业秘密保护的法律规定

我国有关商业秘密保护的条款主要分散于《劳动法》、《劳动合同法》、《合同法》、《反不正当竞争法》、《刑法》及其他相关法律中。

（一）什么是商业秘密

商业秘密（Business Secret），按照中国《反不正当竞争法》的规定，是指不为公众所知悉、能为权利人带来经济利益，具有实用性并经权利人采取保密措施的技术信息和经营信息。因此商业秘密包括两部分：技术信息和经营信息。如管理方法，产销策略，客户名单、货源情报等经营信息；生产配方、工艺流程、技术诀窍、设计图纸等技术信息。

（二）侵害商业秘密的类型

根据《反不正当竞争法》第十条的规定，下列行为属于侵犯他人商业秘密的不正当竞争行为：

（1）以盗窃、利诱、胁迫或其他不正当手段获取的权利人的商业秘密；

（2）披露、使用或者允许他人使用以前项手段获取的权利人的商业秘密；

（3）违反约定或者违反权利人保守商业秘密的要求，披露、使用或者允许他人使用其所掌握的权利人和商业秘密。

第三人明知或者应知前款所列违法行为，获取、使用或者披露他人的商业秘密，视为侵犯商业秘密。

这里所称的商业秘密，是指不为公众所知悉、能为权利人带来经济利益、具有实用性并经权利人采取保密措施的技术信息和经营信息。

哪些信息不构成不为公众所知悉

《最高人民法院关于审理不正当竞争民事案件应用法律若干问题的解释》第九条规定，有关信息不为其所属领域的相关人员普遍知悉和容易获得，应当认定为《反不正当竞争法》第十条第3款规定的"不为公众所知悉"。

具有下列情形之一的，可以认定有关信息不构成不为公众所知悉：

（1）该信息为其所属技术或者经济领域的人的一般常识或者行业惯例。

（2）该信息仅涉及产品的尺寸、结构、材料、部件的简单组合等内容，进入市场后相关公众通过观察产品即可直接获得。

（3）该信息已经在公开出版物或者其他媒体上公开披露。

（4）该信息已通过公开的报告会、展览等方式公开。

（5）该信息从其他公开渠道可以获得。

（6）该信息无需付出一定的代价而容易获得。

（三）商业秘密的保护规定

1.商业秘密的合同法保护

《合同法》第四十三条的规定，当事人在订立合同过程中知悉的商业秘密，无论合同是否成立，不得泄露或者不正当地使用。泄露或者不正当地使用该商业秘密给对方造成损失的，应当承担损害赔偿责任。

2.商业秘密的劳动法保护

《劳动法》第二十二条的规定,劳动合同当事人可以在劳动合同中约定保守用人单位商业秘密的有关事项。

《劳动合同法》第十七条的规定,"……劳动合同除前款规定的必备条款外,用人单位与劳动者可以约定试用期、培训、保守秘密、补充保险和福利待遇等其他事项。"

《劳动合同法》第二十三条的规定,用人单位与劳动者可以在劳动合同中约定保守用人单位的商业秘密和与知识产权相关的保密事项。对负有保密义务的劳动者,用人单位可以在劳动合同或者保密协议中与劳动者约定竞业限制条款,并约定在解除或者终止劳动合同后,在竞业限制期限内按月给予劳动者经济补偿。劳动者违反竞业限制约定的,应当按照约定向用人单位支付违约金。

《劳动合同法》第二十四条的规定,竞业限制的人员限于用人单位的高级管理人员、高级技术人员和其他负有保密义务的人员。竞业限制的范围、地域、期限由用人单位与劳动者约定,竞业限制的约定不得违反法律、法规的规定。

在解除或者终止劳动合同后,前款规定的人员到与本单位生产或者经营同类产品、从事同类业务的有竞争关系的其他用人单位,或者自己开业生产或者经营同类产品、从事同类业务的竞业限制期限,不得超过二年。

3.商业秘密的其他法律的保护

《中华人民共和国促进科技成果转化法》(以下简称《国促进科技成果转化法》)第二十七条的规定,科技成果完成单位与其他单位合作进行科技成果转化的,合作各方应当就保守技术秘密达成协议;当事人不得违反协议或者违反权利人有关保守技术秘密的要求,披露、允许他人使用该技术。

技术交易场所或者中介机构对其在从事代理或者居间服务中知悉的有关当事人的技术秘密,负有保密义务。

《国促进科技成果转化法》第二十八条规定,企业、事业单位应当建立健全技术秘密保护制度,保护本单位的技术秘密。职工应当遵守本单位的技术秘密保护制度。

企业、事业单位可以与参加科技成果转化的有关人员签订在职期间或者离职、离休、退休后一定期限内保守本单位技术秘密的协议;有关人员不得违反协议约定,泄露本单位的技术秘密和从事与原单位相同的科技成果转化活动。

(四)侵害商业秘密应承担的责任

1.刑事责任

根据《刑法》第二百一十九、二百二十条规定,侵害权利人的商业秘密,给商业秘密的权利人造成重大损失的,最高可以对侵权人处七年以下有期徒刑,并处以罚金;单位侵害他人商业秘密的,对本单位判处罚金,并对其直接负责的主管人员和其他直接责任人员,最高可以对侵权人处七年以下有期徒刑,并处以罚金。

2.民事责任

根据《反不正当竞争法》第二十条的规定,经营者违反本法规定,给被侵害的经营者造成损害的,应当承担损害赔偿责任,被侵害的经营者的损失难以计算的,赔偿额为侵权人在侵权期间因侵权所获得的利润;并应当承担被侵害的经营者因调查该经营者侵害其合法权益的不正当竞争行为所支付的合理费用。被侵害的经营者的合法权益受到不正当竞争行为损害的,可以向人民法院提起诉讼。

3.行政责任

根据《反不正当竞争法》第二十条的规定,违反本法第十条规定侵犯商业秘密的,监督检查部门应当责令停止违法行为,可以根据情节处以一万元以上二十万元以下的罚款。

相关链接 >>>

如何保护自己的商业秘密

一、预防为主

1.明确本企业商业秘密的范围

把具备商业秘密基本特征的经营信息、技术信息事项,确定为本企业的商业秘密,并做出标志,再通过一定的形式使有关人员明确这是本企业的商业秘密。

2.提高公司全体员工的商业秘密保护意识

向本单位职工进行保密教育,提高保密观念,增强保密意识,知悉保密制度和单位规章。特别是因工作本身的需要与商业秘密接触的职工,如技术人员,网络管理人员以及文件管理人员,并对这类人要进行相关的培训,以强化其保密意识和保密责任。

3.完善商业秘密保护制度

(1)完善劳动合同制度,在劳动合同中纳入保密条款。

对特定职位可规定脱密期或违约金,甚至竞业限制,对特定的岗位制订相应的保守商业秘密的岗位责任制度。

对特定的技术人员设定竞业限制时或要注意给予相应的经济补偿,否则该竞业限制条款将可能无效。设定严格的保密义务规定技术人员劳动合同期满后不得在其他单位使用其掌握的技术时,也应给与一定的补偿,否则其效力和合理性将受到质疑。

(2)完善有关的规章制度。

公司可根据本身的特点,制订针对特定信息的管理制度,涵盖经营信息和技术信息的收集制作,存储更改,传递,许可使用等环节的系统制度;也可针对就商业秘密从开发整理制作到储存,传递,使用或许可使用等每个环节的特点设定相应的保密制度。

制订职位描述制度,对于与商业秘密有接触的有关职位,应将应聘者的人品和保密意识作为必备的录取或晋升的条件;完善相关的培训制度等等。

公司也可制订专门的保密规则,明确商业秘密的范围,采取相应的保密措施,明确保密主体,保密义务及相应责任。

二、法律救济

商业秘密侵权事件发生后,应着手做好以下工作:

(1)判断该秘密是否属商业秘密的范围,是否符合法定的要件。

(2)调查收集证据,包括采取的保密措施,证明侵权行为成立的证据材料以及侵权行为给公司所带来的损害或侵权人所获得的利润等方面的材料。

(3)尽量减少因仲裁或诉讼而引发的信息披露可能带来的后果。如公司就商业秘密的"不为公众所知"聘请专家鉴定时,应与要聘请的专家签订保密条款或相关协议,并要求被告及其代理人书面承诺不泄露或使用庭审中所了解到的商业秘密。

三、聘请律师

律师在商业秘密保护制度的设计方面具有其他人员不可替代的作用,除了在制度设计的合法性方面具有独特的优势之外,优秀的律师还会将事前的制度保护和防范与事发后的处理方法结合起来,建立严密的商业秘密制度保护机制。

在仲裁诉讼中,由于该类案件举证困难,涉及的法律问题比较复杂,当事人宜聘请精通劳动法与商业秘密的律师保护自身的合法权益。

五、有关竞业限制的法律规定

人才流动在当今社会已经成为一种频繁发生的活动。这一趋势在刺激商业发展的同时,也带来了一些负面的影响,比如导致商业秘密泄露,从而致使一些企业损失惨重。因此,企业老板要善于利用有关法律法规中的竞业限制条款,加强对商业秘密的保护。

(一)什么是竞业禁止

竞业禁止也叫竞业限制、竞业避止,它是同业竞争中的一种约定,是为保护企业的商业秘密应运而生的。为防止不正当竞争,用人单位可以与掌握商业秘密的劳动者在劳动合同中约定,职工在中止或解除劳动合同后的一定期限内负有保密义务,不得到生产同类产品或经营同类业务且有竞争关系的其他单位任职。如果公司、企业高层管理人员为一己私利而违反其所负担之竞业禁止义务,法律将追究其相应的法律责任。

（二）《劳动合同法》对竞业限制的条款

竞业限制条款是用人单位与高级管理人员、高级技术人员和其他负有保密义务的人员签订的禁止以上人员在聘用合同或劳动合同终止后一定期限内生产、经营、从事与原单位有竞争关系的业务及在与原单位有竞争关系的用人单位任职的有偿协议条款，经济补偿金则是用人单位根据竞业限制条款对劳动者在一定期限内放弃部分从业优势的对等经济性补偿。

《劳动合同法》第二十三、二十四条对"竞业限制条款"做出了规定：

第二十三条　用人单位与劳动者可以在劳动合同中约定保守用人单位的商业秘密和与知识产权相关的保密事项。

对负有保密义务的劳动者，用人单位可以在劳动合同或者保密协议中与劳动者约定竞业限制条款，并约定在解除或者终止劳动合同后，在竞业限制期限内按月给予劳动者经济补偿。劳动者违反竞业限制约定的，应当按照约定向用人单位支付违约金。

第二十四条　竞业限制的人员限于用人单位的高级管理人员、高级技术人员和其他负有保密义务的人员。竞业限制的范围、地域、期限由用人单位与劳动者约定，竞业限制的约定不得违反法律、法规的规定。

（三）竞业禁止的两种情况

竞业禁止分为法定的竞业禁止和约定的竞业禁止两种情况：

1. 法定的竞业禁止

法定的竞业禁止是指依据法律规定企业的高级管理人员应当承担的竞业禁止义务。

《公司法》第六章对企业的董事、经理等高级职员在职期间的"竞业禁业"作了规定：董事、经理不得自营或者为他人经营与其所任职公司同类的营业或者从事损害本公司利益的活动。从事上述经营或者活动的，所得收入应当归公司所有。董事、经理除公司章程规定或者股东会同意外，不得同本公司订立合同或者进行交易。

我国《合伙企业法》第三十二条规定："合伙人不得自营或者同他人合作经营与本合伙企业相竞争的业务。除合伙协议另有约定或者经全体合伙人同意外，合伙人不得同合伙企业进行交易。"另外，我国在《中外合资经营企业法实施条例》中还规定了副经理的竞业禁止义务。

2. 约定的竞业禁止

约定的竞业禁止是指依据用人单位和劳动者签订的竞业禁止协议，劳动者应当承担的竞业禁止义务。对于在职劳动者的竞业禁止义务，用人单位可以采用与劳动者签订协议，制订企业内部规章制度等予以确立。但是，对于离职劳动者的竞业禁止义务，签订竞业禁止协议则是用人单位与离职劳动者产生竞业禁止权利义务关系的唯一途径。

（四）竞业限制的适用范围

《劳动合同法》第二十三、二十四条对于竞业限制的范围做了明确的界定，主要包括两类：

1.商业秘密范围的界定

商业秘密范围的界定，需要用人单位根据《劳动合同法》、《民法通则》等法律条款做出详细的界定，用人单位应制订有关保护商业秘密的规章制度，明确哪些技术信息和经营信息属于应保护的商业秘密，并采取相应的保密措施加以防范，不能将该行业的一般知识技能和专业技能都纳入商业秘密的具体范围。

2.竞业限制的从业范围

《劳动合同法》第二十四条规定，可以分为两类：

（1）不得参与同类企业，即"劳动者不得到与本单位生产或者经营同类产品、从事同类业务的有竞争关系的其他用人单位"。

（2）不得自己开设同类的公司，即"自己开业生产或者经营同类产品、从事同类业务的竞业限制期限"。

（五）竞业禁止的适用人员

"竞业禁止"合同只能适用于居于单位比较重要岗位、掌握企业商业秘密人员，而不是企业所有员工，针对企业所有员工而适应的"竞业禁止"条款是无效的，"竞业禁止"条款如果适用面太广，将使得企业所有员工或绝大多数员工不能从事自己的专业或发挥自己的特长，这无疑是对"竞业禁止"条款的滥用，会导致劳动者择业权的丧失以及不合理地限制市场经济下应有的人才竞争。按涉密状况来分类，"竞业禁止"规则一般适用于图11-11所示的人员。

适用一	高级研究人员、技术人员、经营管理人员。这类人员是关键技术和核心秘密的全面掌握者，往往被竞争对手特别注意
适用二	市场计划和销售人员。因工作需要，这些人员掌握着经营秘密
适用三	财会人员。企业的财务状况中包含有大量的商业秘密
适用四	高级文秘。秘书职责包括会议记录整理，文件的打印、管理和转发，其接触商业秘密和可能性非常大

图11-11 "竞业禁止"规则的适用人员

（六）竞业限制约定的形式

《劳动合同法》第三条的规定，劳动合同的签订应当遵循平等自愿、协商一致的原则。合同法中也有公平、自愿、诚实信用原则的规定，无论签订劳动合同或订立竞业限制条款都必须遵循这个基本原则，违背了这个原则，所订立的条款或合同无效。

《劳动合同法》第二十四条规定，竞业限制的范围、地点、期限由用人单位与劳动者约定，竞业限制的约定不得违反法律法规的规定。因此合同双方应在平等、自愿、协商一致的基础上签订劳动合同，并且签订的形式也必须是以书面形式约定，在劳动合同或者保密协议中约定。

企业在制订竞业限制协议时应该注意以下几点：

（1）义务主体范围应该明确。只有实际接触、了解或者掌握用人单位商业秘密或独特经营模式、生产方法的人员及高级管理人员才应被确定为竞业限制义务主体。

（2）应在合同中写明商业秘密的具体范围，且不得将这一行业的一般知识、技能或劳动者因劳动而积累的专业技能都归入商业秘密的范围。

（3）限制从事的竞业性行业或单位及限制从业的地域应在合同中列出，限制从业的范围越窄，竞业限制条款越容易被法院认定为有效。

（4）协议中不仅必须约定竞业限制补偿费，还应该明确补偿费的数额或计算方式、支付方式等内容，并且补偿费应实际支付，否则，竞业限制协议无效。

（5）聘用新的劳动者工作时应在聘用协议中明确规定：劳动者没有违反与用人单位签订的竞业限制协议规定的行为，不在新用人单位中使用原用人单位的商业秘密、独特经营模式、生产方法等，且劳动者的近亲属没有在竞争行业或单位中任职等情况，否则，用人单位可能会卷入不必要的商业纠纷中。

下面提供一份某企业的竞业限制协议书，仅供参考。

【实战范本】竞业限制协议书 ▶▶▶

竞业限制协议书

甲　　　方：　　　　　　　乙　　　方：
法定代表人：　　　　　　　身份证号码：
公司地址：　　　　　　　　户籍地址：
联系电话：　　　　　　　　通信地址：
　　　　　　　　　　　　　联系电话：

鉴于乙方知悉甲方的商业秘密，为保护甲方合法权益不受侵犯，甲乙双方根据国家有关法律法规，本着平等自愿和诚信的原则，经协商达成下列条款并共同遵守：

一、合同服务期内的保密义务

1.1 乙方在甲方任职期间，必须遵守甲方的保密规章、制度，履行与其工作岗位相应的保密职责。甲方的保密规章、制度没有规定或者规定不明确之处，乙方也应本着谨慎、诚信的态度，采取任何必要、合理的措施，维护其于任职期间知悉或者持有的任何属于甲方或者虽属于第三方但甲方承诺有保密义务的技术秘密或其他商业秘密信息，以保持其机密性。

1.2 未经甲方书面同意，不得以泄露、公布、发布、出版、传授、转让或者其他任何方式使任何第三方（包括不该知悉该项秘密的甲方的其他职员）知悉属于甲方或者虽属于他人但甲方承诺有保密义务的技术秘密或者其他商业秘密信息，也不得在履行职务之外使用这些秘密信息。

1.3 未经甲方书面同意，不得接受与甲方存在竞争或合作关系的第三方以及甲方客户或潜在客户的聘用（包括兼职），更不得直接或间接将甲方的业务推荐或介绍给其他公司。

1.4 未经甲方书面同意，不得作为股东或投资人对与甲方业务相同或类似或相关的行业进行投资，更不得与甲方发生竞争，将甲方业务归为个人办理，或不以甲方名义从事与甲方竞争的业务。

1.5 乙方离职后仍需对其在甲方任职期间接触、知悉的属于甲方或者虽属于第三方但甲方承诺有过保密义务的技术秘密和其他商业秘密信息承担如同任职期间一样的保密义务和不擅自使用有关秘密信息的义务，直到这些信息在本行业中成为公知性信息为止。

1.6 乙方在为甲方履行职务期间，不得擅自使用任何属于他人的技术秘密或其他商业秘密，也不得擅自实施可能侵犯他人知识产权的行为。若由此导致甲方遭受第三方侵权指控时，乙方将承担甲方为应诉而支付的一切费用，同时甲方如需因此而承担侵权赔偿责任的，甲方有权向乙方追偿。上述应诉费用和侵权赔偿费用可以从乙方的薪酬总额中扣除。

1.7 乙方同意，如上述损害甲方利益的行为涉及其近亲属，或借助他人名义，均视为乙方行为，由乙方承担违约赔偿责任。

二、竞业禁止及经济补偿

2.1 乙方应立即向甲方移交所有自己掌握的，包含甲方商业秘密的所有文件、记录、信息、资料、设备、数据、笔记、报告、计划、目录、来往信函、说明、图样、蓝图及纲要（包括但不限于上述内容之任何形式之复制品），并办妥有关手续，所有记录均为甲方或第三方绝对的财产，乙方将保证有关信息不外泄，不得以任何形式留存甲方有关商业秘密信息，也不能得以任何方式再现、复制或传递给任何人。

2.2 乙方离职后2年内不得在与甲方从事的行业相同或相近、相关的企业及与甲方或第三方有竞争关系的企业内工作。

2.3 乙方离职后2年内不得自办与甲方有竞争关系的企业或者从事与甲方商业秘密有关的产品的生产及与生产相关的一切工作。

2.4 在与甲方离职后2年内,不能直接地或间接地通过任何手段为自己、他人或任何实体的利益或与他人或实体联合,以拉拢、引诱、招用或鼓动之手段使甲方其他成员离职或挖走甲方其他成员。

2.5 从乙方离职后开始计算竞业禁止期时起,甲方应按竞业禁止期限向乙方支付一定数额的竞业禁止补偿费。补偿费的标准为每月人民币_____元。补偿费从____年____月开始,按月支付,由甲方于每月的_____日通过银行支付至乙方的银行卡内(卡号为:_____)。如乙方拒绝领取,甲方可以将补偿费向有关方面提存。

2.6 竞业禁止期满,甲方即停止补偿费的支付。

2.7 甲方有权对乙方承担竞业禁止义务的情况进行监督与检查,乙方应当履行下列义务,配合甲方的监督与检查:

(1)每季(年)提供一份其人事档案存档机关出具的证明其劳动关系的证明文件。

(2)每季(年)提供一份证明其任职单位为其交纳社会保险的证明文件。

(3)乙方应于每月20日前告知甲方现在的住所地址、联系方法及工作情况,甲方可以随时去乙方的住所处核实情况(包括查看乙方的住所地的房屋租赁合同或房产证和向乙方邻居了解乙方的工作情况),乙方应当予以积极配合。

(4)其他_____

乙方未能按时提供上述证明文件或履行其他义务的,甲方有权停止给予乙方补偿,且不免除乙方保密和竞业禁止义务。

三、违约责任

3.1 乙方不履行或者违反本协议规定义务的,应当承担违约责任,具体规定如下:

(1)违约金需一次性向甲方支付,违约金额为乙方离开甲方上年度的薪酬总额的____倍。同时,乙方的违约行为给甲方造成损失的,乙方应当赔偿甲方的损失,并且乙方所获得的收益应当全部归还甲方。

(2)损失赔偿额为甲方因乙方的违约行为所受到的实际经济损失以及可举证之期待利益损失。

（3）如果甲方的损失依照3.1（2）款所述的计算方法难以计算的，损失赔偿额为不低于乙方因违约行为所获得的全部利润的合理数额，或者不低于甲方商业秘密许可使用费的合理数额。

（4）甲方因调查和追究乙方的违约行为而支付的合理费用应当包含在损失赔偿额之内。

（5）因乙方的违约行为同时侵犯了甲方或第三方的商业秘密权利的，甲方可以选择根据本协议要求乙方承担违约责任，或者根据国家有关法律、法规要求乙方承担侵权责任。

3.2 乙方离开公司后不遵守本协议，给甲方造成直接或间接经济损失，经通知仍不改正或情节严重引发恶意竞争，除应支付3.1条约定的违约金和赔偿金外，另外应赔偿造成的其他经济损失。

3.3 甲方不履行规定义务的，应当承担违约责任，需一次性向乙方支付违约金人民币_____元。

四、争议解决

4.1 因履行本协议发生的劳动争议，双方应以协商为主，如果无法协商解决，则由争议一方或双方向甲方所在地的劳动争议仲裁委员会申请仲裁。

4.2 任何一方不服仲裁的，可向甲方所在地的人民法院提起诉讼。

五、生效与变更

5.1 本协议未尽事宜，或与国家有关规定相悖的，按有关规定执行。

5.2 本协议一式三份，甲方持二份，乙方持一份，具有同等法律效力。

六、其他

本合同列明的通信地址、电话、电子邮箱或其他联系方式均为本合同下的通知送达方式。一方如迁址或者其他联系方式变更，应当及时书面通知对方。否则，如因联系方式变更导致有关事项通知或者文件送达延误的不利后果，应由自行变更方负责。

甲方（签章）：_____ 乙方（签字）：_____
代表（签字）：_____
签订日期：____年__月__日 签订日期：____年__月__日

（七）竞业限制的补偿

用人单位与劳动者签订了竞业限制的合同，根据《劳动合同法》规定用人单位则要支付相应的费用，这体现了公平原则，也是实行同业竞业限制的一项重要的内容。一般来说，劳动者因不能从事自己擅长专业或所熟练的工作，收入或生活质量会不同程度降低。而用人单位会因为劳动者未参加该行业的劳动或竞争，可能现时或潜在地从中获取相应的商业利益。合同双方应在合同中明确补偿的数额或计算方式、支付方式等。对于支付方式《劳动合同法》第二十三条的规定，在竞业限制期限内按月给予劳动者经济补偿。

对于经济补偿金额的数额，《劳动合同法》没有做出相应的规定。目前，有的省级人大或者人民政府，已经制订了相关的条例，明确规定竞业限制的经济补偿的标准，如为劳动者离职前一年工资的三分之一或二分之一等。

同时《劳动合同法》规定约定竞业限制条款，不得与法律、法规相违背。因此如果竞业限制的经济补偿与违约金，显失公平，或者涉嫌侵犯劳动者社会保障等等，均可以认定为无效。一旦认定竞业限制条款无效，对员工有利，对企业将有很大不利。

（八）竞业限制的期限

在国外竞业限制期限的规定中，一般是三年，最多不超过五年，在高新技术领域不超过一年，如美国第二巡回法院在 Earth Web，Inc. 诉 Mark Schlack 违反雇用合同和侵害起商业秘密一案中，援引1997年的 Double Click，Inc. 诉 Henderson 一案认为，网络产业发展迅速，相关竞业限制条款期间不宜超过6个月；美国联邦巡回法院认为面对发展变化迅速且无地域限制的网络产业，一年期间的约定过长。该法院最后以原告限制被告在工作间接触机密资料和雇用合同中竞业限制条款不合理为由，判决驳回原告禁令主张。在特殊情况下，竞业限制可以不受时间限制，这是特例，在现实生活中很少见。

我国竞业限制期限的制订过程中事实上鼓励了科技人员、高层经营人员的正常流动，一定程度上起到了均衡企业与劳动者利益，使更多科技人员既能充分发挥劳动者的聪明才智，又能为社会多作贡献，并在深层次上保护企业正当的技术和经营信息，保障企业获得合法的垄断利益。我国的《劳动合同法》第二十四条规定竞业限制的期限不得超过二年，因此，用人单位和劳动者约定的期限不得超过法定最长的期限。

（九）违反竞业限制的处罚标准

劳动合同解除或者终止后，用人单位依约支付了经济补偿金，竞业限制条款和保密协议就生效了，如果劳动者违约了，则必须承担相应的违约责任，违约责任要通过事先约定加以明确。

《劳动合同法》第二十三条的规定，用人单位和劳动者事先在劳动合同或保密协议中约定劳动者违反竞业限制条款时需要支付的金额。若因违约行为侵犯了用人单位的商业秘密造成了损害，违约者还应承担相应的赔偿责任。

《劳动合同法》第九十条规定，劳动者违反本法规定解除劳动合同，或者违反劳动合同中约定的保密义务或者竞业限制，给用人单位造成损失的，应当承担赔偿责任。

（十）新用人单位的责任

《劳动合同法》第九十一条的规定，用人单位招用与其他用人单位尚未解除或者终止劳动合同的劳动者，给其他用人单位造成损失的，应当承担连带赔偿责任。事实上，《劳动合同法》规定新用人单位不论是否知道劳动者违反了与原单位的竞业限制约定，都已经构成了侵权，违反竞业限制成为侵权必要的程序或手段，因此，新用人单位和劳动者应连带承担包括竞业限制责任在内的侵权责任，这一规定也给新的用人单位增加了更多的用人风险。

 侯律师说法

经典案例

欣欣公司为了宣传其新开发的保健品，虚构保健品功效，并委托某广告公司设计了"谁吃谁明白"的广告，邀请某社会团体向消费者推荐，在报刊和电视上高频率地发布引人误解的不实广告。

案例评析

《反不正当竞争法》第9条第1款规定，经营者不得利用广告或者其他方法，对商品的质量、制作成分、性能、用途、生产者、有效期限、产地等作引人误解的虚假宣传。第24条规定，经营者利用广告或者其他方法，对商品作引人误解的虚假宣传的，监督检查部门应当责令停止违法行为，消除影响，可以根据情节处以一万元以上二十万元以下的罚款。所以欣欣公司需要对虚假广告承担法律责任。

《广告法》第38条规定，违反本法规定，发布虚假广告，欺骗和误导消费者，使购买商品或者接受服务的消费者的合法权益受到损害，由广告主依法承担民事责任；广告经营者、广告发布者明知或者应知广告虚假仍设计、制作、发布的，应当依法承担连带责任。广告经营者、广告发布者不能提供广告主的真实名称、地址，应当承担全部民事责任。社会团体或者其他组织，在虚假广告中向消费者推荐商品或者服务，使消费者的合法权益受到损害的，应当依法承担连带责任。因此，社会团体在虚假广告中向消费者推荐商品，应承担民事连带责任。